河出文庫

愛と情熱の山田うどん

まったく天下をねらわない
地方豪族チェーンの研究

北尾トロ
えのきどいちろう

kawade bunko

河出書房新社

目次

Contents

Ⅱ　山田を考えられるだけ考えた——83

III

山田うどん食堂

愛と情熱の山田うどん

まったく天下をねらわない地方豪族チェーンの研究

文庫版のためのまえがき

北尾トロ＆えのきどいちろう

★北尾トロ

いやぁ、驚きの文庫化だ。二〇一〇年代初頭、夢中になって追いかけ、書きまくった二冊の本は、一部で話題になったとはいえ、関東ローカルのうどんチェーン「山田うどん」に興味を持つ人のみに向けられた特殊な内容。全国の書店に配本される文庫にはぜんぜん向いてないと思われた。しかし、ここへきて版元の河出書房新社が英断を下し、二冊のエキスを凝縮する企画が持ち上がったのである。ひょっとするとイケるのではないか、待たれているのではないかと思ったようだ。

本が出版されてからも、山田うどんはロードサイドでライバルたちと火花を散らしながら奮闘している。一時は山田文化圏から離れていたぼくも関東に戻ってきて、現役感を取り戻すことができた。出版から時間がたってしまったけど、新しい山田ファンに楽しんでもらうには逆にいいタイミングかもしれない。

なんにせよ、ぼくは山田に関わることをしているだけで機嫌がいいのだ。それは共著者のえのきどいちろう、単行本の担当編集者で現在はライターとして活躍する武田砂鉄も同様で、集まって会議してもヘラヘラしちゃって話が進まない。二冊分を一冊にするには収録できる原稿を減らす必要があるが、思い入れの強すぎる我々にはできそうになかった。そこで、新たに仲間に加わった文庫担当の朝田明子（家族でひんぱんに山田に行く）に一任し、こういう形にまとまった。久しぶりに読み返してみて、自分で書いたのに「楽しそうだなコイツ」と思う。実際、「負けてらんないぞ」と席を立ち、ブルンとクルマを飛ばして山田に乗り込んだ（つもり）で新しい原稿も書いている。

あなたは山田がある限り終わらない旅のスタート地点に立った。読み終えたとき「山田行きてぇ」と思ったなら、もう我々は仲間だ。

●えのきどいちろう

北尾トロさんと山田うどんをめぐって夜ごと談じ、フィールドワークを重ね、本を二冊出して、イベントを何度も開催した熱い日々を思い出します。「山田うどん」は世界を解明するキーワード、暗証番号のようなものでした。「山田を語ることは世界を語ること」、僕らはそう信じていたのです。山田うどんは関東学でもあったし、うどん文化史でもあったし、郊外論、モータリゼーションを介した日本の外食産業史でもあった。次第に仲間を巻き込んでムーブメントのようになりました。角田光代さんが山田うどん小説を書きおろし、それがやがてＴＢＳラジオでラジオドラマになったりした。

山田食品産業がまた自由にやらせてくれたのです。普通こういうのってタイアップ企画じゃないですか。企業が宣伝のために書かせる。当然、広報部のチェックが厳しくて、文言が一字一句直されたりする。ところが山田うどんはそうじゃありませんでした。何でも書いていい。何でも思いついていい。出来るかぎり協力する。読者の皆さん、単行本の出版時、僕らは山田うどんの店舗に本を置いてもらえないだろうかと交渉したんです。店のレジで「天ぷらうどん」と「山田本」の会計をするなんて最高じゃないですか。そうしたら山田食品産業が総力を挙げてバックアップしてくれた。通常の書店流通と違いますから、いったん山田のセントラルキッチンで本をパック詰めして、うどんと一緒に配送トラックで各店舗に配本です。うどんの流通を使った書籍は本邦初だと自負しております。本当に楽しかった。それが文庫本となって帰ってきたのです。新たに北尾、えのきどの書きおろしもあります。めくるめく山田ワールドへようこそ！

実は単行本の編集を担当してくれたのが河出の社員だった武田砂鉄さんです。武田さんはほとんど全ての取材にもつき合ってくれた、もう一人の山田者（ビートルズで言ったらブライアン・エプスタイン？）と呼ぶべき存在でした。

まえがき

北尾トロ＆えのきどいちろう

★北尾トロ

夕食後に家を抜け出して街道沿いに歩き、暗がりにポツンとある自販機で覚えたてのタバコを買う。いろんな銘柄を試している最中で、その日はショートホープにした。その場で封を切り、マッチで火をつける。吸い込むと、きつい刺激でむせかえりそうだ。でも、なかなかうまい、気がする。これでいいんじゃないか。ついに決まったな、オレのタバコ……。

すぐに帰るのもつまらないので、そのまま街道を歩いていくと、かかしマークの見慣れない看板を発見した。黄色と赤の派手な色遣い。くるくる廻る姿が、何もない街道でやたら目立っている。これが生まれて初めて見た、山田うどんの店舗だった。高校二年の冬のことだ。この第一印象がやたら良かった。当時、僕が住んでいたのは京王線の奥のほうで、駅前ですらほとんど何もない状態。街道沿いにあるのは、ぼちぼち増え始めた建て売り住宅と梨農園で寂しさ満点だった。そこへ回転看板である。うどん屋を待ちこがれていたというより、光がうれしい。僕の住む町にもついにチェーン店がやってきたのだ。うどん屋だけど、そこは目をつぶろうじゃないか。

行ってみたら特別なことはなく、そこはやはりうどん屋だった。椅子はあったと思うが、立ち食いそば屋のうどんみたいだ。でも、高校生が求めているのはボリュームと安さ。この二大欲求を満たしてくれた山田を気に入り、学校帰りにちょくちょく寄るようになった。よほど腹が減っているか、真っすぐ帰ってもつまんないようなとき、いつもひとりで行く。ポケットにはショートホープが入っていたが、店内で吸う勇気はなかった。

大学受験に失敗すると高田馬場にある予備校へ通うようになった。そこへは高校の友人も何人かいて麻雀ばかりしていた。うまくメンツが集まらないときは予備校へ行く彼らと別れて映画を見る。池袋、銀座、自由が丘、三鷹、そして新宿。誰かと一緒のこともあったが、ひとりのほうが好きだった。僕の世界はまだ本当に狭く、その分、目にするものすべてが新鮮で、街を歩いているだけで冒険しているような気分になれたのだ。初心者のときだけ味わうことのできる高揚感と言ってもいい。ロック喫茶(というのがあったのですね)のドアを開けるだけで心臓バクバクだったもんなあ。

名画座で三本立てを見終わると腹ぺこだ。財布の中身を確認しながら安心価格の食堂を求めて歌舞伎町をうろうろしているとき、山田のかかしが突然現れた。地元のように堂々とした駐車場を持つ店舗ではなく、歓楽街のごちゃごちゃした路地に店があったのだ。すごいじゃないか。山田っててっきり、多摩地区だけのものと思っていたら、歌舞伎町にまで進出していたとは。まるで、新宿に入《い》り浸《びた》るようになった僕に歩調を合わせてるみたいだ。

迷わず入店した。手狭《てぜま》だったが、味はいつもの山田だ。家の近所の、街道沿いの店と地続きの味。ボリュームも寸分違わない。激戦区の歌舞伎町に進出してもなお、どこか落ちつく雰囲気はそのままである。がんばってる。山田、大善戦。

新宿で映画を観て、山田食って帰るパターンが生まれた。池袋か新宿かで迷い、山田もあるし新宿にしとこうと、その日の行動を決めたこともある。自宅付近と歌舞伎町。こうして二軒の山田は、僕の日常になった。

それがいつしか、足が遠のいた。大学に入学して中野に住むようになり、近所の山田と離れたことがきっかけだ。ファストフードはあちこちできたし、安さを競うところも増え、山田でなくてもよくなった。いつの間にか歌舞伎町の店もなくなり、視界から山田の看板が消え去って、僕はその存在すら忘れた。僕と山田の蜜月時代は一〇代後半から二〇歳あたりで終わってしまったのだ。

再会するようになったのはクルマを持ってからである。郊外を走っていると、ときどき回転看板を見かけるのだ。が、僕の気持ちは浮き立たなかった。あれほど輝いていたはずの山田なのに、いまとなっては店舗は小さく、派手どころかむしろ地味なのだ。それはどこか、昔のちっちゃな自分を思い出させる風景でもある。反射的に「あ、山田だ」と喜んだものの、むしろ一刻も早く遠ざかりたい気持ちになってしまった。

何年もそれが続き、街道沿いがファミレスだらけになった頃、ひとりで所沢街道を走っていた。回転看板が現れて「まだやってるのか」と驚いた。しばらく走るとまた、かかしが出てきて、今度は駐車場にクルマを突っ込んだ。佇まいは変わってなかった。たっぷりの量と安さ、独特の安心感も健在。それが一五年くらい前のことで、以来、山田とのつき合いは絶たれてしまった。

若い頃こっそりつき合った女の子がいて、その後はそれぞれの人生を歩み、クラス会で再会して変わらぬ姿に心が動かされたけれど、なんとなくそれっきり。誰にも話すことのない思い出として心にしまってある存在、それが山田だったのだ。

●えのきどいちろう

山田うどんについて僕が最初に語りたいのは、首都圏郊外の街道沿いの光景だ。ほこりっぽい風に大安売りや商品キャンペーンの幟《のぼり》がはためいている。風でくるくる廻るサラ金の看板。ガソリンスタンド。スーツの量販店。誰も渡らない歩道橋。退屈といえば退屈だけど、心になじむ無個性な日常風景。無個性で匿名的だ。見ようによってはモダンアートの巨匠、エドワード・ホッパーの描いた孤独なアメリカにも似ている。が、ぜんぜんクールじゃない。もう、テンション下がるとしか言いようのない「僕の地元」。

僕は一〇〇パー確実に、その光景のなかで自己形成したんだね。ガソリンスタンドがお父さんでスーツ量販店がお母さん、というくらいのホーム感だ。で、息子の名前は「退屈」だったんじゃないのかなぁ。中学時代、川崎市郊外の新興住宅地へ引っ越して、たぶん毎日、つまんないな、面白いことないかなと思ってたんだよ。僕にしてみたら山田うどんは、そういう日常のなかでじんわり日々を過ごしてないとホントの味がわからないようなものなんだね。

山田うどんは青春である。それはね、一義的にはまさしくそう言えることなんだけど、その青春がスパークした感じのものかっていうとそうでもないでしょう。安くて量があって、おなかいっぱいになるから青春なのかって問題ですよ。そこに根源的な退屈がないといけない。「目標に向かってつっ走る青春」に山田うどんは似合わないですよ。まぁ、甲子園を目指す高校球児だって山田うどんを食べてると思うけど、ホントのコクまでわかってるかどうか。

僕が山田うどんに似合うと思う感情は、少し後ろ向きのものなんだなぁ。どうしようもない退屈。こんなことしてていいのかなぁという焦燥感。寂しさや疲労感。だって、かかしのマーク見てほっとするんだよ。うどんがあったかくてうれしいなと思う。カツ丼セットがっついて、色んな後ろ向きの感情がとりあえず空腹感だったことにできる。あー、食った、ま、だいじょぶかな、と店を出られる。

僕の山田うどん原体験は大学時代。何かあまりにもすべてがつまらなくて、バンドでも始めるみたいに友達とミニコミ誌をつくった。それは『中大パンチ』っていう、冗談みたいな名前のもので、まぁ、わりとひとを食ったギャグセンスに特徴があった。結果的に僕は大学三年のとき、それを見た『宝島』誌の編集者から電話をもらって商業誌デビューし、そのままずるずるとプロになるのだから、長い冒険の出発点に立っていたようなものだ。といって自分が何を始めたのかもわかってなかった。ただ夢中でやって、夢中でやるのは疲れるもんだから一〇時間とか、バカみたいに寝た。最長で一三時間寝た。寝すぎても具合が悪くなることがわかった。

当時、駒澤大学前に安くしてくれる印刷所があって、新しい号が刷り上ったら編集長の僕と発行人の杉森昌武が受け取りに行く。で、大量の『中大パンチ』をクルマに積んで、東村山の杉森のアパートへ搬入するのだ。高校からの友人、杉森は学校をドロップアウトして、既に白夜書房やなんかでフリーライターとして稼いでいた。仲間内でクルマを持ってたのは僕だけだったから、かに道楽のバイトで全身、カニくさくなって買った中古のブルーバードU（三〇万）は非常に重宝がられた。で、杉森のアパートへ行く途中、山田うどんの看板が上空で輝いていた。

杉森といっしょに店へ入ったかなぁ。もしかすると腹が減って、ちょっと寄ろうかってことになったかもしれない。それは覚えてないのだ。記憶のなかでは僕はいつもひとりで山田うどんへ入っている。まず雑誌を杉森のアパートへ運び込むのが先決。それを終えて、やれやれひと仕事かたづいたと自宅へ帰る道すがら、何となく山田うどんに寄るのだ。山田うどんは駐車場がだだっ広い。まだ免許とりたてでバックの駐車に自信がなかったから、あれはすごく助かった。

だから僕の山田うどんは夜一一時か一二時くらいの時間帯だ。街道をひっきりなしにトラックのヘッドライトが行き過ぎる。駐車場には自分とかかししかいない。あぁ、こいつは友達だなぁ、お互い郊外で育ったなぁ、という安心感がある。ほっとするような、少し心細いような気持ちで駐車場の暗がりを歩く。あそこを歩いてた濃密な時間。山田うどんはいちばんバカみたいな頃をわかってくれてる友達だ。

大人になっても何年かに一度、浅草店へ行って、あの頃の濃密な時間を思い出すことがあった。驚いたことに山田うどんはその後、「パンチセット」というもつ煮込みメニューを加える。店内で「パンチ」の文字を見る度、ミニコミ誌を思い出して気恥ずかしかった。

I 山田が心配でならない

山田うどんが降りてきた！

北尾トロ＆えのきどいちろう

★北尾トロ

山田が降りてきた。

忘れ去っていたはずの山田が、前触れもなくクルクルと降りてきて、頭のてっぺんに突き刺さったのである。二〇一一年、一一月の夜だった。

僕は『季刊レポ』というノンフィクション雑誌の編集発行人で、相棒のコラムニスト・えのきどいちろうと宣伝と告知のためのネット番組『レポTV』を毎週放送している。宣伝のためといいつつ台本も打合せもなく、そのときの流れで話題がどこへ向かうか当人たちにもわからないフリートーク形式。その日はなぜか食べ物の話になり、僕が住む東京の多摩地区で幅を利かせる武蔵野うどん（多摩や埼玉エリアでよく食べられている、麺が硬めのつけうどん）に触れた。そういう店がよくあるのだと。

説明が悪かったのだろう。えのきどさんはそれを、武蔵野うどんという名称のチェーン店と勘違いし、不意にこう言ったのだ。

「山田うどんみたいな？」

その瞬間、わけがわからなくなった。いま山田と言ったか？　もしかして、かかしマークの山田の話をしている？　我が青春の思い出がホロ苦い記憶とともにギュッと詰まったあの店を、えのきどさんも知っているのだ！

お互いの山田体験。かかし看板の頼もしさ。まだ何ものでもなかった自分たちに山田が与えてくれた温もり。けっして高級な味ではなく、どこにでもあるような麺やツユのありがたさ。話が尽きないのは、かれこれ三〇年、誰かと山田について語ることがなかったせいでもあるだろう。それは、えのきどさんも一緒だった。

青春の山田について語った後も番組はヒートアップ。かつては都心でも見かけたのに、どうして郊外でひっそり営業するようになったのか。それは、立ち食いそばを筆頭に強豪ひしめく都心での戦いに敗れた末のやむなき選択だったのでは。だとすればそれはいつ頃。記憶を辿り、思いをめぐらす。歌舞伎町店をベースに考えると（それしか都心店を知らない）七〇年代後半には、東京どまんなかで苦境に。「引け、引けぃ～」の号令とともに多摩エリアに戻り、以降は守りを固めつつ忍の一字……。

いや、そうなのか。そんな弱腰で八〇年代以降、過当競争気味になったチェーン間の戦いをしのぎ切ることが可能だったとは思えない。何かある。戦国時代を生き抜く知恵が山田には。

江戸の胃袋を制すものはうどんチェーンを制すとばかりに、一度は都心に攻め上り、いわば全国制覇の野望を抱いた山田。武将なら誰もが持つ天下取りの夢である。だが、江戸の壁は厚く、消耗戦を強いられ、戦略の見直しを余儀なくされる。どう生きるべきか、現実的に考え直すときがきた。そして山田は思ったに違いない。

地味で上等。基本に戻って地元を大事にしよう。一言で表せば「ホッとする味」。ジョージア・オン・マイ・マインドならぬ山田・オン・マイ・マインドだ。普通の人が普通に食べて、そこそこ満足し、ごちそうさんと出て行く店に戻ろう。僕たちの知らないそんな物語があった気がして、なんだか、かかしのマークが健気なものに思えてくる。

近年、さぬきうどんが幅を利かせ、あろうことか香川は〝うどん県〟などと名乗る始末。さぬきチェーン店は全国制覇を目指す勢いで中央進出を図ってもいる。しかし、うどんにそれは似合うのか。うどんって、全国各地に独自の味があるものじゃなかったっけ。そういう問いを発している気さえするのだ。

郊外型チェーン店を考えることは日本のモータリゼーションの発展、ひいては戦後日本社会を考えることにもつながらないか……。〝山田と青春〟に始まった話はどこまでも広がり、終了予定時刻を過ぎても終わらない。ハートに火がついた僕たちは、あっという間に山田目線で物を語り始めていた。それは、長らく忘れていた立ち位置でもあった。

「これは、僕たちとしては、山田で本を作るべきじゃないか？　トロさん、これは大仕事になるぞ！」

興奮のあまり、えのきどさんの口から執筆宣言まで飛び出す。番組が終わったときは、山田うどんが食べたくてたまらなくなっていた。近いうちに必ず行こう。僕は、かつての自分がいかに山田の世話になったか、思い出を噛みしめながら家路についた。

●えのきどいちろう

ユースト番組『レポTV』は突然、山田TVになってしまった。山田うどん。その名を人前で発語すること自体が絶えて久しかった。が、とてつもない喚起力だ。僕らは何かすごいものを召喚したのだと思う。思えば山田うどんを誰かと語った経験がない。山田うどんを誰かと共有した経験がない。僕らは「山田うどん」と言った瞬間から、それ以前の話がすべて飛んだ。もう、山田うどんのことだけを一時間やそこら話し続けた。山田の何がそうさせるのか。ただ予感だけがあった。山田は大仕事になる。山田は僕らの冒険の旅だ。

『レポTV』は毎週、西荻の北尾トロ事務所で収録しているから、終電ぎりぎりの中央線で帰ることになる。帰り道、山田うどんの話し足りないあれこれが頭のなかを駆け巡る。そうだ、トロさんが言っていた歌舞伎町の山田うどんには大学時代行ったことがある。それから忘れていたが、高校時代を過ごした荻窪の駅前にもたしか山田うどんがあった。『中大パンチ』の刷り上がりを杉森昌武のアパートへ運んだとき、クルマで行った印象が強すぎて、都心の山田うどんを忘れていた。あれはもう、なくなったよなぁ。富士そば的な都心展開からは撤退したのか?

いや、浅草店がまだある（二〇一二年二月二六日閉店）。最近は二、三年に一度くらいのペースで浅草店へ行っていた。六区の真ん中、ウインズの近くにファミレスみたいな山田うどんがある。大体、夏の暑い時期にざるそばを食べる感じだった。しまった。俺は山田うどんのうどんを下手すると一〇年以上食べてない。

帰宅してすぐパソコンの前に座った。「山田うどん」で検索してみる。と、何とい

か？

これはつまり、「山田うどん　まずい」で検索をかける人がすんごい多いってことだ、トップの検索ガイドに「山田うどん　まずい」が出ている。ギョッとした。

ヤフー知恵袋には強烈な質問が寄せられていた。

「Q　関東各地にある山田うどんなくなっていいですよね？　あんなにまずいもの食べられません！（eighthtourer さん）」

久しくうどんを食べてない僕はショックだった。そんなに？　この人怒ってる？　で、ベストアンサーがこれだった。負けず劣らず強烈だ。

「A　出来た当時は、そこそこだったんです。でも、どこで食べてもまずくなったと思っていたら、段々閉店が多くなりました。思うに、あれはチェーン店で多分本部の指導もなにもなかったんだと思うんです。だって、いつか茨城県のほうで入ったらおじいさんが孫をおんぶして、台所から出てきたので大丈夫かいなと思ったら案の定どうやったらこんなまずいものができるのかという味でした。しばらくして通ったら閉店してました。こんな状態だったら、すべてなくなるでしょうね（ririko3215 さん）」

これは由々しき事態だ。僕は夜中にもかかわらず、その場ですぐトロさんにメールを打った。トロさん、山田がピンチだ。山田は僕らにＳＯＳを発しているのかもしれない。

★北尾トロ

えのきどメールの「山田うどん　まずい」が引っかかって眠れない。企業たるもの、検索キーワードがこうなっていたら必死になって打ち消そうとするだろうが、それをしないところにも山田の素朴さが……呑気すぎるよ！

それにしても、みんな何がそんなに気に入らないのだろう。だって相手はうどんだよ。伸びたら悲惨なそばと違い、うどんは味のレンジが広い食べ物だ。もっちりしていてもうどん、シコシコしていてもうどん、伊勢うどんみたいにわざわざコシをなくしたものまである。うまいうどんと、あとはまぁ普通。普通に食べられればいいじゃないかっていう鷹揚《おうよう》さが持ち味だと思う。まして山田は低価格のチェーン店。攻撃的な検索かけてどうするって話だ。

不人気なのか。山田が提供してきたホッとする味と空間を世間は拒否しているのか。オレたちはうどん屋でホッとしたくはないし、安くて量が多くてまずまずの味では満足できないのです。そういうことなのか。う〜ん、そうとも思えないんだよね。そんなに味が悪いのなら、今日まで山田が存在しつづけた理由がわからなくなる。日本が好景気に沸き、高級志向が幅を利かせたバブル時代に淘汰されていておかしくない。

うどんは普通で安いのがいいねと満足していた山田エリアの人が、急に味をうるさく問うようになってきた。僕はそこにさぬきうどんの影を感じる。さぬきうどんはツルピカでコシの強い麺で全国的に人気沸騰中。本場香川まで、わざわざ食べに行く人が跡を絶たない。それはいい。僕もさぬきうどんは好きである。でも近年、メディアの後押しもあって、やけに持ち上げられている気がするのだ。

さぬきこそベストなのだとインプットされた人が夜の街道を走っている。かかしに惹かれて山田に入る。で、思う。ツルピカでもなけりゃシコシコでもないじゃないか。どうなってるんだこの店は。そういうことだとしたら理不尽すぎる。全国各地に風土に適したうどんがあるからいいのに……。

山田がありのままの山田であれば良かった時代は、もはや過去のものなのか。そういえば、家の近くにもさぬきのチェーン店がオープンしたばかりだ。先日、前を通ったら駐車場があふれんばかりに混雑していた。モダンな外観。セルフ形式の食べさせ方。たぶん値段も手頃なんだろう。

都心から撤退して以降、郊外を中心に守りを固めてきた山田が、いま狙われている？　しかも相手は時流に乗ってるさぬき勢。そしてネットでは悪評フンプン。僕たちは、そんな微妙なタイミングで山田と再会したのだ。

心配ばかりしててもしょうがないね。まずは山田の「いま」を知ることだ。この旅を続けるべきか否かは、うどんが教えてくれるに違いない。

●えのきどいちろう

山田うどんをもう一度食べてみることから始めよう。本当に「山田うどん　まずい」のか。僕は次の日、浅草六区へさっそく繰り出した。これが皆さんおっしゃるように本当に「山田うどん　まずい」ってことなら、そこが旅の出発点になる。僕は山田をはげまし、どうしたんだ、初心に返ってやり直そうよ、あきらめるなんて山田らしくないぞ、と言ってやるつもりだ。って勝手に山田が昔の友達みたいに思えている。

浅草店を前にして、ちょっと緊張した。アレだな、学生時代の友達の近況を探る感じだ。あれからこっちも色々あったんだよ。そっちだってあっただろ？

店に入って、たぬきうどんを注文する。たぬきうどんは最もシンプルなメニューだ。安い。そして客を待たせない。僕は箸をつけてみた。ん？　おんなじ？

おんなじだ。あれから色々あった筈なのに奇跡のように昔とおんなじ味だ。いや、決してグルメとかそういうんじゃない。その意味では超うまくはない。けど、フツーだ。これがフツーってもんだ。フツーのほっとするうどん。え？　これ、そんなダメですか？

あぁ、さぬきうどんの影響かぁ。いっとき取り寄せのさぬきうどんが流行って、その後、はなまるうどんや丸亀製麺といった「さぬきっぽい」セルフうどんが関東にもノシてきた。山田うどんはそれとは流派が違うからなぁ。これはいい機会だから、今度、文化放送に出たとき、ラジオコラムで取り上げてみよう。文化放送は埼玉エリアが強いからきっと反響があると思う。一体、首都圏の「フツーのうどん」は今、どうなっているのか？　やわらかいあったかいうどんは下火なのか？　皆、舌がさぬきになったのか？

で、文化放送の朝ワイド『くにまるジャパン』だ。スタジオの野村邦丸アナ、伊藤佳子アナにこの話通じるかなぁとドキドキしながら、言ってみた。

「僕は今年、山田うどんの再評価にとり組もうと思っているんですよ」

案の定、伊藤佳子アナは意味がわからない様子でフレーズを反復する。

「山田うどんの再評価？」

それから僕は何をどう説明したのか。なーんも覚えてないんだけど、とにかく大汗をかいて山田のいい部分を訴えた。山田は学生時代と変わってない。昔と同じ姿で僕を受け入れてくれた。どぎつい派手な味つけじゃなく、流行りとも関係なく、フッーのうどんがフッーにあるっていうのはほっとすることだ。友人の北尾トロとも考えてみたが、今はもしかすると世間の針がさぬきのほうへ振れすぎているかもしれない。北尾トロは「さぬき王朝時代」と呼んでいる。が、さぬきだけがうどんではなく、香川県だけがうどん県ではない。日本じゅうにうどんがあって、埼玉だってうどん県だ。たぶんそんなことを力説したのじゃなかったか。

野村邦丸アナががっちり話を受けてくれた。邦丸さんは日大法学部の出身で、大宮校舎のバス停の正面に山田うどんがあったそうだ。やっぱり、邦丸さんにとっても山田は分かちがたく青春とくっついている。大人になって、文化放送で山田のCMナレーションも務められたそうだ（！）。

で、出番が終わり、スタジオを出て仰天した。文化放送の社員がわらわらと集まっている。報道部の人がいる。女子アナがいる。他番組の技術さんがいる。皆、社内でオンエアを聞いて、山田のことだったら自分にもひとこと言わせろと寄ってきたのだった。何だこの引きは？　山田の引きは？　話を聞いてみると共通点があった。部署も年代もバラバラだが皆、埼玉県出身なのだ。山田うどんと聞いて、矢も盾もたまらず部署を抜けてきた。召喚だ。山田うどんが文化放送内の埼玉人を召喚した。

★北尾トロ

不安から安堵へ、気持ちの居場所がグィ〜ンと動いた一五分間だった。一部世間の冷たい評価が的確かどうか確かめるため、最寄りの山田うどんを探し、クルマかっ飛ばして食べに行ったのだ。夕焼けに赤く染まった回転看板は、いやが上にも高校時代を思い出させる。

目の前にたぬきうどんがトンと置かれた。立ち上る湯気とカツオ出汁の香り。緊張したねえ。数名のおやじ客が淡々と箸を動かしているなか、僕だけがマジ顔でうどんと対峙だ。ツユの色良し。麺と天かすの量申し分なし。ついでに内装その他、飾りっけまったくなし。勢いよくうどんをすった。

おぉ、好ましいまでの普通のうまさだ。疑ったりして悪かった。僕は心の中で山田に謝った。接客がまた感じよくて、おばちゃんが生き生きと働いている。

これはすごいことだ……。なかば懐かしさに惹かれてやってきたが、山田の「いま」が心の琴線に触れてきた。

何十年も普通をキープするのがいかに大変なことか。リスペクトの気持ちが沸き上がったのだ。箸を置き、強く思う。こんな山田がネットで叩かれるなんて間違っている！

再評価すべきだ。日夜、山田について、うどんについて考える日々が始まる。えのきどさんから、文化放送での思いがけないリアクション報告が入った直後、ＴＢＳラジオ『小島慶子のキラ☆キラ』のディレクターから、僕に出演依頼がきた。

「最近気になっていること？　それはうどんです」

一瞬の空白があったが、かまわず押し切る。なにしろこっちはそれで頭が一杯なのだ。

メディアで話し慣れてない人間が興奮状態でマイクの前に座ると、話は膨らまずに中心へ中心へと突き進みがちだ。食べ物としてのうどんの魅力も語ろうと考えていたはずなのに、山田、山田の連呼である。

「そういうわけで、僕は猛烈にうどんライターをやりたいのです！」とか断言されてもなあ。山田うどん未体験のパーソナリティ、小島慶子さんと堀井憲一郎さんは戸惑ったと思うが、終わるころには山田と言うたび大笑い。このあたりがつい呼び捨てにしたくなる山田の〝和ませ力〟だ。京都出身の堀井さんが、日常的な味の大切さを語り、地方ごとに棲み分けられている外食チェーン店の意義に言及したことも見逃せない。「北尾さんの気持ち、なんとなくわかるわ」のリアクションに力を得た。

さらに数日後、リスナーから手紙が届いたのである。都内でそば屋を経営していたが、高級志向で庶民の味から遠ざかろうとする業界に違和感を覚え、思い切ってうどんの店に切り替えたという人だ。〈周囲からは「なぜ、うどん？」と見下すように言われたが、自分は正解だったと思っている。そばが忘れ去ろうとしている優しい味を、うどんで提供していきたい……〉。そこには丁寧な字で、うどんとともに生きる決意が書かれていた。

その後、文化放送『くにまるジャパン』のラジオコラムのコーナーは「月刊山田うどん」状態になる。反響がものすごかった。出番を終えるとヤフーの注目ワードに「山田うどん」が(一時的とはいえ)上位に食い込んだりした。埼玉県、都下三多摩、それからトラック野郎からメールがじゃんじゃん来るようになる。考えてみれば関東ローカルのラジオ番組は山田うどんに親和性がある。ラジオは「中央」とか「首都圏」みたいなマーケティングのくくりではなく、リスナーそれぞれの「地元」とでもいうべき生活圏に届いていくものだ。

で、ある日、いつものように文化放送へ出かけた僕は、番組の長島太郎プロデューサーから「大変なものが届きましたよ」と紙袋をごそっと渡される。山田食品産業株式会社からの宅配便だった。開けてみると大量の「山田うどんストラップ」が入っている。数えたら六〇個あった。これは山田のHPで通販しているお宝じゃないか。やばい。山田の耳に届いていたのか。放送でさっそくお礼を申し上げた。かかしマークのストラップは『季刊レポ』の読者プレゼントとして利用させていただいた。

この時期、北尾トロと熱心に語り合っていたのは「山田に僕らの気持ちは伝わっているのか？」であった。いやぁ、もう中学生の恋心みたいなレベルだ。僕らが山田いい、山田好ましいと騒いでいるのは、文化放送へストラップ送ってくれたぐらいだから向こうも把握してるのだろう。まぁ、無視はされてないのだから喜ぶべきだ。けど、ホントは面倒がられてたらどうしよう。面倒だからストラップでもまとめて送っとけ、だったら。トロさんも僕も山田に嫌われたくなかった。いや、何だろうなぁ、会社だと思ってなかった気がする。もう、おいおい、これ両思いだったらどうするよ？　みたいな感じでヒャーヒャー騒いでいた。

そんな折も折、一通のメールが僕のところに届く。僕はメールボックスを開いて、一瞬、固まった。

「山田うどん　総務部　藤原と申します」というタイトルだ。

えのきど　いちろう様

初めてお便りいたします。
私は山田うどんの母体であります
山田食品産業株式会社

秘書室　藤原依美と申します。

えのきど様には「くにまるジャパン」等で
山田うどんをご紹介いただきまして
心より感謝申し上げます。
お客様やお取引様からの反響が大きく
社内でも大変話題になっております。
「山田うどん詣」なる言葉も頂き、
社員一同、ありがたく思っています。
また、北尾トロ様と季刊レポにて特集を組んで
頂いたり、本店にもお越し頂いたとのこと、
重ねて御礼申し上げます。
つきましては　弊社社長の山田裕朗《ひろあき》が
御礼に伺いたいと申しております。

ご多忙のところ大変恐縮ですが、
立ち話程度のお時間で結構です。
ご挨拶をさせていただけませんでしょうか？

何卒宜しくお願い申し上げます。

山田食品産業株式会社　秘書室　藤原依美

どうですか、この奥ゆかしい文面。いや、社長さん相手に「立ち話程度」というわけにいかないだろう。すぐトロさんへ連絡した。大変だ大変だ、山田の秘書室からメールが来た。たぶん藤原さんという女性は埼玉美人に間違いない。これはもちろん、こちらからご挨拶に伺うのがスジだと一決。で、僕らが次に熱を入れて話し合ったのは「何着ていく？」だった。「やっぱり清潔感はアピールしたいな」とか。完全に中学生のデート前日だった。

いざ、山田本社へ

北尾トロ&えのきどいちろう

★北尾トロ

そんな事情で山田食品産業の社長に会いに行ったのである。所沢駅東口に集合した我々は、着慣れないジャケットを羽織り、売れないお笑いコンビみたいになっていた。一見すると社会人風なんだけど、ものすごくぎこちない。でも、そうであったとしても、山田の本社には好印象を持たれたかった。

本社は本店と同じ敷地にあり、隣接している。本店へは一度乗り込んだことがあった。乗り込むっていうか食べにきただけなんだけど、大勢で押しかけたのだ。これがパンチ(モツ煮込みの山田風呼び名)というものですよ。安いと思ってナメてたら餃子やるねぇ。コロッケの安定感も地味ながら注目に値するのでは。興味津々で一時間も滞在したのである。

本社の存在にもすぐ気がついた。あそこにはトレードマークのかかしをあしらったスリッパがあるんじゃないか。あるんだったら売ってもらえないだろうか。これは非売品なんですと断られても、そこを何とかと粘ったら山田のことだ、ひとつくらい分けてくれるかもしれない。週末で会社が休みじゃなかったら、店と勘違いしたふりして入り込み、スリッパのチェックをしかねない勢いだった。

たしかあのとき、どうせここへはいずれ足を踏み入れることになるだろうからと、わけのわからない捨て台詞を残して去ったのだ。それが今日、本当のことになる。駐車場でクルマから降りたら胸が高鳴った。深呼吸が必要だ。落ちつけ、落ちつくのだ。

「ん？」

ドアの手前でえのきどさんの足が止まった。誰かがドアの向こうに直立不動で立っている。出迎えるとしたら相手は我々だろうが、なぜ、そこまで。しかも、連絡をくれた藤原さんならまだしも、正体不明のおじさんである。

この方は髙橋清和さんという経理部の部長さんだった。経理部のエラい人が入り口で我々を待つ理由を考えてみたが、いっさい思い浮かばない。それもそのはずだ。ラジオが好きな髙橋さんは、えのきど出演番組を聞いており、今日本社に来ると知って勝手に待っていたのである。

立ち話でもいいからと急に連絡してくる社長。指先をピンと伸ばし、満面の笑みで待ち構える経理部長。真面目、丁寧でありつつ、独特の社風を予感させる山田だった。

「あ、スリッパにかかしマークはないんですね」

靴を脱いだえのきどさんが残念そうに言う。

「はい、スリッパには入っていません、すみません」

謝ることはないんだ髙橋さん。山田のスリッパにはかかしが印刷されているものだとばかり決めつけていた我々の読みが甘かっただけのこと。でも、ファン心理はそういうもの。トレードマークって、じつは企業の象徴になってることもある。そこのところを、つぎにスリッパ会議が行われる際には考慮していただければ。そんな会話をしながら二階へ上がった。通路に面して受付があり、奥では社員が業務にいそしんでいる。

「トロさん、あれ見てよ」

えのきどさんの視線の先をたどってのけぞった。受付前の柱に『季刊レポ』で行った山田うどん特集の記事コピーが貼り出されているのである。これは相当喜んでいると考えて間違いないんじゃないだろうか。

いやー、僕には一抹の不安があったのだ。リトルマガジンが好き放題にやった特集である。掲載許可など得ていないし、そもそもタイトルが「〝山田うどん まずい〟

をブッ飛ばせ！」。僕たちは年頭、平成二四年は山田元年でもあると宣言したものの、活字での山田うどん再評価は、まだ始まったばかりである。山田がピンチだと叫んでいたり、ロードサイドに点在する理由を推測しまくっていたり、堅い企業であれば文句のひとつも言われかねないところだ。

貼り出し方がまた、どうみても壁新聞。急ごしらえだとしても素朴だ。言い換えると実質的だ。このあたりにも山田の社風が……と、そこに藤原さんが現れ、思ったとおり埼玉美人（埼玉出身かどうかも知らないわけだが）だったので、えのきどさんがヒャーヒャー喜んだ。横では髙橋さんもつられて喜んでおり、僕も浮かれてしまって目的を忘れそうになった。

「社長がお待ちしておりますので」

藤原さんの冷静な一言で現実に戻され、社長室に入る。挨拶の後、僕たちより少し歳下の山田裕朗社長から今回の経緯が説明された。

それによれば、山田家次男の道朗氏が偶然ラジオを聞き、情報を会社に伝えたことがきっかけだという。ラジオを聞いて食べにきた客が相次いだこともあって、何だろうと思ったそうだ。そこで感謝の意を表すべく文化放送にストラップを送ってみた。これで済んでも良かったのだが、髙橋部長を筆頭にラジオ好きの多い山田である。出演のたびに話題にしていることを知り、『レポTV』そして『季刊レポ』へと調査の手が伸びて、とうとう連絡を取るに至った。

山田うどんが放送や活字媒体で取りあげられることは珍しく、社員にとっても新鮮な経験になっているのでありがたい。多弁ではないものの、社長はストレートに感想を言う。

こうなれば、ぼくたちも正直に本音を語るしかない。ぜひ山田うどんの本を書きたい。どういう本になるのか、現時点ではうまく説明できないが、やらせてくれないだろうか。山田本を充実させるためには、その歴史や店舗展開の戦略、ホッとさせる味の秘訣など、山田を山田たらしめているアイテムの取材が不可欠になってくるのだ。

初対面でいきなり正式な交際を申し込む気分である。熱が入った。グゥっと社長の眼を見つめる……って不気味だよ。でも、ここはど真ん中ストレートで勝負。

「それはかまわないけど、うちのことを書いて本になるのかなあ」

やった。これは都合のいいように解釈すると、私でよければつき合ってもいいと返事されたに等しい。横で髙橋さんと藤原さんが笑っている。

雑談の中で、社長が山田食品産業の四代目である現会長の後を継いでから、まだ日が浅いことがわかった。もともと山田うどんの長男であることがイヤで、食品と関係のない商社に就職。二七歳まで五年間働いたが、そこで腹をくくり、五代目候補としてではなく、一般入社の社員と同等の扱いにしてくれるならと条件を出して山田の人になったそうだ。

「子どもの頃、うどん屋のせがれだとからかわれるのが苦痛でね、なんとしてでもうどん屋にはならないと決めたんですよ」

社長が小学生だったのは一九六〇年代末から七〇年代初頭。山田が店舗を増やし、躍進する時期と重なる。何をそんなに毛嫌いしたかというと、山田のかかしと無邪気にからかうクラスメイトたちの口調に、嫉妬や羨望が入り交じっていることを敏感に察知していたからだ。いじめに遭ったのでも仲が悪かったのでもなく、それが苦痛でたまらない子どもだった。中学からは所沢から遠く離れた私立校に実家から通学し、家のことは一言も漏らさずに通したというから頑固者である。それにしても、初対面の相手にいきなりトラウマ体験を語ってくれる警戒心のなさはどうだ。

「そうだ、あれ持ってきて。あと、資料になるかどうかわからないけど冊子があるから。それから……メニューもあったほうがいいだろう」

藤原さんが、かかしマーク入りの紙袋を抱えてきた。中には会社案内と店舗スタッフ用マニュアル、社のポリシーや歴史が書かれた『山田の心』という冊子に加え、店で使用しているメニューがそのまま入っている。そして、別の袋には文化放送に送られた、例のかかしストラップ。嬉しいが一五〇個は多すぎないか社長！

「おふたりは時間ありますか？　ラジオのこととか知って、ぜひお礼を言いたいと申しておりますので会長に会っていかれたらどうです」

へえ、会長って呼ぶんだ。親父だけど、会社では社長と会長の関係だからなあ……。え、会長が我々と会う？　ついさっき社長と初対面のあいさつをしたばかりの僕たちと？

「はい。昔のことについては私より会長に訊くほうがいいと思うんだよね。家はすぐ近くだから呼びましょう。ちょっと待っていてください、いま確認してきますから」

まさかの展開である。ぼくたちは今日、挨拶だけのつもりで来ていて、これっぽっちの準備もないのだ。どうする、どうする。まごまごしている我々に、爽やかな藤原さんの声が届く。

「会長がいらっしゃいましたので、会長室へ移動していただけますか？」

大変なことになった。山田食品産業本社を訪ね、山田裕朗社長にご挨拶するだけでもめっちゃ緊張するのに、いきなり会長室へ通されることになった。まだ山田本社へ乗り込んで三〇分かそこらだ。会長さんは山田裕通《ひろみち》氏。埼玉県の発展に寄与した実業家として第六回渋沢栄一賞を受賞されてる方だ。又、一昨年は旭日小綬章《きよくじつしようじゆしよう》を受章された。こんな言い方をしては失礼極まりないが、ボスキャラ中のボスキャラ、まぁ、ラスボスだ。ブルース・リーだって『死亡遊戯』であんなに戦わないと上の階へ行けなかったのに、僕らはファーストコンタクトで会長さんにお会いできてしまう。いいんだろうか？

僕はこのときほど「山田うどん再評価」の大仕事に相棒がいるのを心強く思ったことはない。北尾トロがいれば何とかなる。俺ひとりではプレッシャーに押しつぶされかねなかった。『海猿』でいえばバディだなぁ。と、もう比喩が『死亡遊戯』なんだか『海猿』なんだかよくわからないあわてぶりで山田の「奥の院」へ案内されていく。

会長室はドーンと広い。調度も立派でこれこそが「奥の院」という感じだった。社長室が「実質」を重んじたたたずまいだとしたら、会長室は「風格」だ。そこに山田うどんの白衣を着た山田裕通会長が立っておられた。白衣の胸にかかしマークが入っている。スーツ、ネクタイの上に白衣を着用されているのだ。ニコニコ微笑んでおられて、僕らはその好好爺然とした雰囲気にすーっと緊張をほぐされてしまう。北尾トロは別のことを思ったらしい。トロさんはもともと北九州の和菓子屋さんの息子だ。白衣に懐かしい感情がある。「あれは職人の正装だよ。スーツの上に白衣を着る。会長さんは僕らを正装で迎えてくれたんだよ」。山田うどんをチェーン展開し、一代で関東一円に拡大した立志伝中《りっしでんちゅう》の人物が今、目の前で楽しげに笑っている。

「山田うどんを取り上げてくださってありがとうございます」

僕らは社長さんにお礼を言われたときも恐縮したが、会長さんに直にそう言われて申し訳ないような気持ちだった。青春の一時期、山田うどんにお世話になって、それからずっと距離をおいていた。僕は東京下町に住んだこともあるけど、郊外や近郊から遠ざかっていた。で、振り返る故郷のように、胸に秘めた初恋の記憶のように突然、山田うどんへ立ち戻ったのだ。それは原発事故というファクターを除けば、猪苗代湖ズが福島という故郷を絶唱した感覚に近い。僕らもあそこに置いてきたものがある。だけど、目の前の会長さんは、君らが戻ってきてくれるのを待ってたよ、と言わんばかりの温かい笑顔だ。好奇心で目をきらきらさせておられる。で、君らは何を持ち帰ったんだい？　一〇代の焦燥から出発して何を獲得し、今、山田うどんに何を見出したのかな？

1959年に建設された製粉工場。かかしマークの初期モデルが見える。

僕らは覚悟を決め、正直な思いを申し上げた。山田うどんについて知りたいことが山ほどあること。山田うどんの再評価に書き手として全力で取り組みたいこと。今日はご挨拶に伺ったので、後日あらためて取材をさせていただきたいこと。大汗をかいた。「正式に山田とおつき合いさせてください」とプロポーズに来た青年みたいだった。

「あぁ、だったらアレあるかな？」

会長はお付きの社員に声をかける。用意されていたのは第一級の山田うどん史資料だった。

「まず、これが最初の店です」

創業当時の山田製麺店のモノクロ写真だ。よく見るとかかしマークの初期モデルが既に使われている。

「これはひょっとしてこの本社の場所ですか？」と尋ねると案の定、そうだった。どうも小金井街道は未舗装だ。トラックが通るともうもうと土ぼこりが上がるだろう。

「このまわりはね、ぜーんぶ麦畑。この辺りは米作に適さない土地なんですよ。だから昔から小麦を植えた。どこの家庭でもお客さんをもてなすときや祝い事でうどんを打ったんです」

あぁ、やっぱりそうなのか。うどんには土地のもたらす必然があった。僕は一面見渡すかぎり麦畑が広がる所沢を思った。火山灰質の武蔵野の大地を思った。

「それでね、これがチェーン展開した最初の頃のメニュー」

しまった。会長は僕らに山田うどん略史をレクチャーするべく、準備を整えておられた。北尾トロと顔を見合わせる。僕らは今日はご挨拶だけのつもりでICレコーダーすら持参していない。何たる失態。ベテランライターが二人も揃って、油断するにもほどがある。

「すいません、あの今日はさわりだけにして、次回、テープをまわさせていただけますか?」

「あぁ、いいですよ。それでね、これがアメリカに出店したラーメン店」

会長のレクチャーで最大の衝撃は山田のアメリカ進出だった。僕らはICレコーダーがないのを本当に悔いた。会長の弟さんを切り込み隊長役として、山田は何とマン

1975年、ニューヨークに「TARO」をオープン。

ハッタンに打って出ていたのだ。但し、うどん店ではない。「TARO」というラーメン店だった。資料や写真を見せていただくと七〇年代ルックのフリーな感じのアメリカ人が、かかしマークの店でラーメンを食べている。

「このラーメン店はうまく行かなかった。今と違って材料の調達が難しかったし、現地で雇った店員もいい加減だったねぇ。でも、このとき私はクルマでフリーウェイを視察したんですよ。それで、ケンタッキーフライドチキンの大きな廻る看板を見た。あれを日本に持って来いってすぐ言って、調べたら日本にまだ代理店がなかった。だからアメリカから取り寄せたんです。当時の金で二〇〇〇万くらいかかったかな」

「そ、それが最初のかかし回転看板ですか？」

「初号機はどこに立ったんですか？」

「カントリー・ラーメン」パンフレットより。

所沢の本店に立ったのだった。つまり、今、僕らがお邪魔しているこの場所だ。煌々と小金井街道を照らす本邦初の回転看板。それは想像を絶して派手だったろう。

「それでアメリカの店はやめちゃうけど、銀座にアメリカ帰りの高級ラーメン店ってことで、カントリー・ラーメンを始める」

おお、噂だけは聞いたことがあった。カントリー・ラーメンだ。さすがアメリカ帰りだけあって、かかしがカウボーイハットをかぶっているよ。

僕らはすっかり興奮していた。漠然とイメージしていた山田うどんのアメリカニズムがあっさり証明されたのだ。これはあらためてちゃんと取材しよう。写真や資料もお借りして世に問おう。情けないことに僕らは会長のレクチャーにストップをかけた。今、聞いちゃうのがもったいない。今度、万全の体勢でうかがいます。

で、ちょっと小休止をとってお茶をいただいたりした後で、僕らが気になってることを質問した。

「山田うどんの店舗はどこへ行っても御岳山のお札が貼ってありますね？　例えば今年なくなった浅草店なんか、浅草寺や三社祭りの浅草神社でもよさそうなものですが、土地の神様でなく御嶽神社が山田うどんを守ってる。あれはどういういわれでしょうか？」

会長はちょっと呆気にとられた風で、「こりゃ驚いた。そんなとこまで見てくれてましたか」と感に堪えない顔をしている。もう一度、「こりゃ驚いた」と言って、神棚に上がってた御嶽神社のお札の束を持ってきてくださった。御嶽神社は青梅から分け入った山岳信仰の聖地だ。ニホンオオカミの護符を出している。

「私の家は代々油屋でね、土地柄、御岳山を信仰してて、私が若い頃は自転車に乗ってお札をいただきに行ってたんだけど、会社を始めてしばらく行ってなかった。そうしたら夢でさぼっちゃダメだってお告げがあって、御岳山の参拝を欠かしちゃいけないっていうことになってね、それから会社でお札をいただくようになった。今は私が行けないから社長が行ってくれてるんです。まぁ、泥棒除けです」

それで御嶽神社のお札は関東一円の山田うどんを神通力で守護してるのか。会長はどうやら僕らの質問が気に入ったようだった。「いつでも来てください。何でも話しますよ」と約束してくださる。ご挨拶にうかがっただけのつもりが本当に大収穫の一日になった。山田うどんは素晴らしい。

追記　大変残念なことに山田裕通会長はこの後しばらくしてお亡くなりになった。僕とトロさんは仕事着の白衣を形見分けしていただいた。

潜入！ 山田工場見学

えのきどいちろう
写真・小野田麻里

もう、秋になっている。朝九時半、西武池袋線の入間市駅集合という、タフな連絡メールが来ていた。見学は一〇時開始らしい。もちろん僕は完徹で現地へ向かう。明け方まで仕事をする夜型のライターには、そうする以外に朝の入間市駅へたどり着く方法がない。

だもんで朝六時台の電車に乗って、でたらめに早く入間市駅でぼ〜っとしていた。そのうちにドトールが開いて、店内でぼ〜っとする。西武線はプロ野球観戦でよく利用するけれど、小手指の先は初めて降りた。今年は残暑が続くね。見慣れない制服姿の高校生たちが笑いながら階段を駆け上って来る。

ドトール店内でふと目を上げるとデザイナーのヨネタニさんがぼ〜っとした顔で注文の列に並んでいる。ヨネタニさんは『季刊レポ』誌のアートディレクターだけど、単行本の『愛の山田うどん』のデザインもお願いすることになった。「寝てないでしょ？」と声をかけると、「三時頃、目が覚めて、もう今から寝たら負けだと思ってそのまま起きていた」と言う。ヨネタニさんは関西の出身で、西武線に乗るのが人生で二度めだ。前回は去年の暮れ、僕らが山田うどんブームに騒ぎ出した最初の頃だった。もう、何だかわからないが所沢の本店ツアーを敢行しようとうひゃうひゃメンバーをつのる。西武新宿駅前に集合した「第一次山田旅団」は、しかし、読者への一般公募にもかかわらずほとんどが『季刊レポ』誌の執筆者、関係者だった。二〇一一年の年末だ。所沢の茶畑を眺めながら二〇分くらい歩いて、本店のうどんを食べて皆で帰った。大震災があり、原発が爆発し、節電や計画停電があった不安な二〇一一年の終わり、美しい夕景のなかを歩いた。「三月頃はこうして皆で山田うどん食べに来るなんて思わなかったねぇ」としみじみ語りあったのだ。世界の終わりが来たかと思った。ヨネタニさんはあの夕景を分かちあった仲間だ。あれから更に半年以上がたち、今はぼ〜っとした顔を分かちあって（？）いる。

集合時間になってドトールを出ると、北尾トロさん、乙幡啓子さん、『季刊レポ』副編のヒラカツさん、ライターの津田麻紀子さん、カメラマンの小野田麻里ちゃん、河出の武田さんと「工場見学山田旅団」が揃ってる。これは第何次旅団になるんだっけか？　もう回数わかんないけど、いずれ劣らぬ精鋭たちだ。

トロさんが「今日は工場見学にふさわしい山田晴れだね」といきなり機嫌がいい。工場のなかを見せてもらうのに天気はあんまり関係ないが、一同、大いにうなずく。そうしたら駅前ロータリーに三台のバンがやって来る。ボディにかかしのマークだ。山田うどんの営業車だ。旅団は「おおっ」と声をあげ、持参のカメラやケータイで撮影を始める。もう、営業車だけでこの騒ぎだ。運転してきた山田の皆さんがしょうがないなぁという顔で笑っていた。

山田うどんの工場は社内的にはセントラルキッチンと呼ばれている。所在する入間市宮寺の辺りはさまざま工場が建ちならび、良く言えばモダン、悪く言えばちょっと殺風景な雰囲気だ。が、まぁ入間市全体を思えば自然豊かな土地にセントラルキッチンは立地している。駅前で三宅康弘工場長と名刺交換をした。何とバンの一台は工場長が運転してきてくれたのだ。三宅工場長はワンパク少年の面影を残した人で、「ホントは外食産業に興味なかったんですけど、山と自転車が好きで、緑の多いところで働けるからイイナーと思って入社したら、こんなになってしまいました」と笑う。今も山と自転車を愛好されている。名刺の肩書きを見ると「取締役生産部長」だ。同族会社で何の縁故もなく取締役まで出世されたのは人柄のまじめさに加えて、人望があるのだと思う。僕もトロさんもこの三宅工場長が一発で気に入った。ほら、いるじゃないですか、小学校のクラス替えで一緒になって、いきなり仲良くなれそうな感じのする子って。山田うどんのセントラルキッチンは（元？）ワンパク少年が仕切ってる場所だったんだね。

バンが工場敷地へ入る。おおっ、すっげー。初めて見たよ、かかしのマークの工場だよ。ここは申し込めば誰でも見学させてもらえる「開かれた工場」だ。所沢の本社へお邪魔したときも山田城の本丸へ来ちゃったなぁと思ったけど、セントラルキッチンは別の意味で心臓部だ。山田うどん全店舗のうどん、そば、ラーメン、カレー、パンチ（もつ煮込み）等々のメニューがここで作られる。最近、ももクロ（アイドルグループ、ももいろクローバーZ）のメンバー＆スタッフが大規模コンサートの際、山田うどんのパンチを大鍋で煮て、バックヤードのまかないにしていると話題になっているが、それだってここで作られる。まさにセントラルなキッチンだ。セかパかで言ったらセだ。

正面玄関でスリッパに履き替えて、まず、レストルームでガイダンス映像を見る。セントラルキッチンの役割、作業工程のあらましが要領よくまとめられている。工場見学コースの最初にアウトラインのガイダンスを見せるのは、見学者にこれから実見するものが何であるかイメージを持ってもらうためだ。つまり、パッと見ただけじゃわからない領域があるのだろう。僕が映像で感心したのは工場内の気圧が高く保たれているというくだりだ。プロ野球ファンは東京ドームを思い浮かべるといい。内部の気圧が高いとドアを開けたタイミングで風が外へ向かう。もちろん工場内の操業は清潔第一、殺菌消毒された白衣を着て、エアシャワーを受けてから始めているのだが、万一の場合も空気の流れが内から外へ向かっていれば、虫や異物等が入り込む事態を防げる。工場内は高気圧なのだ。山下達郎の『高気圧ガール』もエンドレスで流されている（それはうそ）。

ガイダンス映像が終わって、三宅工場長から「それではこれから見学コースへまいりますが……」と話がある。見学上の諸注意事項かなぁと思ったら、「コースをまわった最後に工場で出来上がったばかりのうどんを食べていただきます。これは打ちたてですから一番おいしいですよ」と夢のようなお話。セントラルキッチンの出来たてを食べさせてくれるのか。これから見学するうどんがすぐに出てくるのか。映像とは違った意味で最高のガイダンスだった。実感的にうどんの作業ラインを見つめることができる。目とおなかで感じる見学コースだ。

三宅工場長の先導で見学コースを行く。階段を上がって、生産ラインは上から見お

山田ライン。

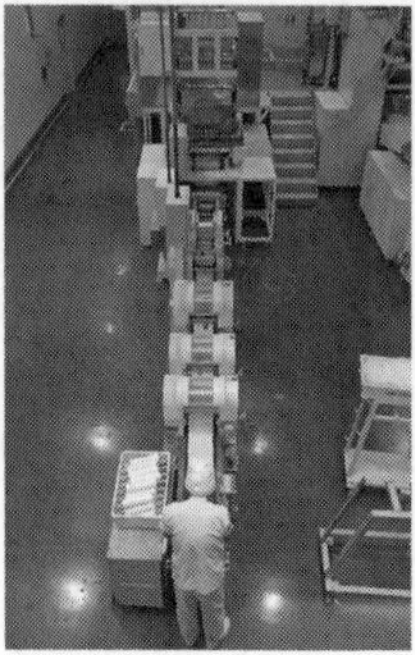

工場の上にかかしが。

ろす感じになった。麺のモトというか、つまり小麦粉と水を混ぜて練って練って帯状に固められた状態のもの（麺体というそうだ）がラインの上部からカットされてくる。それが更に四角くセットされ、ライン工程で細い麺の状態にカットされる。これはうまく出来てるなぁ。三宅工場長の話では、敷地面積を有効に利用するためヨコのラインだけじゃなく、上下も使ったのが工夫のしどころだそうだ。隣りに妄想工作家の乙幡啓子さんがいて、めっちゃ喜んでいる。「乙幡さん、工作でラインやりたいんじゃない？」と尋ねたら、「やりたいですね。意味のないラインとか」と瞳を輝かせる。乙幡さんは群馬県の小学校時代、風景画のなかに山田うどんを描き込んだ早熟の天才だ。現在はコンセプチュアルアートと呼んでいい作品を作り続けているが、すごいのはあくまで面白さを優先してアートのほうへ寄っていか

清潔第一ですよ。

神業のようなスピード感。

ない点だ。僕の古い友達に亡くなったナンシー関がいるけれど、ナンシーも決してアート側へブレなかった。

ラインは色んなのを見せていただいた。コロッケのライン。チャーハンのライン。この工程は相当、無人化されているのが印象深い。あと三宅工場長の説明で感心したのは、天井近くを通ってる何本ものパイプラインだ。「あれはカレーです。カレーがなかを通ってます」。読者よ、カレーのパイプラインって聞いたことがあるか。カレーのルウがじゅお〜っとなかを流れているのだ。「液体状のものならパイプで通せるんですよ。あ、ただパンチ（もつ煮）は無理です。もつが固形物だから詰まってしまいます」。すっげーや、家までカレーのパイプラインを通せたら、蛇口ひねっただけでいつでもカレーが食べられる計算になる。

いやもう、何かすごいっすねー感動っすーなどと口々に感想を言いながら、次の見学ポイントへ行くと今度は急にひと気が多い。うどんがひと玉ずつベルトコンベアーで流れてきて、それを人が選り分けている。これは手の感覚が勝負だ。熟練した人は持った瞬間、不良品がわかるという。同じように人の手の感覚に頼っていたのは、ビニールパックされた商品をケースに並べていく作業だった。これは神業のようなスピード感だった。この種の作業はセンサー付の機械などでは置き換えられない由。見学旅団はしばし、この神業に見とれていた。山田の自慢はこれら工場内の床を本邦初、乾式にしたことらしい。言われてみれば床が濡れてない。誰も長靴を履いてなくて動きが軽快そうだ。

それから我々、旅団の者は別棟へ抜けたり、奥まった階段を下りたり、いったん外へ出て敷地内を巡ったり、山田うどんの迷宮をニコニコ歩いた。言葉にすれば、山田うどん迷宮ハッピー。山田うどんはあなたをハッピーにする。見学させていただいた全てはとてもここに書ききれないが、ひとつ印象に残ったものを挙げると巨大な醬油タンクを見上げたことだ。山田うどんはキッコーマンと二人三脚で出汁《だし》を開発している。僕は「関西の出汁、関東の醬油」といううどんのベースを思った。関西は北前船の活躍で江戸時代、北海道（当時は蝦夷地《えぞち》？）の海産物が豊富に流通した。関東は代わりに醤油文化を発達させる。山田うどんが現在に引き継いでいるものには奥行きがあるのだ。そういえば「上方のうどん、江戸のそば」という分け方は江戸時代もだいぶ後になって定着したもので、トータルで見ると「江戸＝うどん」の期間のほうが長いらしい。山田うどんはそばが定着する以前の「幻のうどんシティ江戸」を今に伝えてくれる。


見学コースの終わりに、旅団をものすごいものが待っていた。三宅工場長がセントラルキッチン秘蔵のかかし着ぐるみを出してきたのだ。どよめきが起こる。文化祭の手作りみたいなやつだ。三宅工場長はもはやその時点で僕らの「無二の親友」と呼べるところまで心を開いてくれていた。工場では毎年暮れの押し詰まった頃、年越し謝恩セールを開催しているらしい。そのセールの際、三宅工場長自ら着ぐるみを装着している。何故、そんな責任ある立場の者が着ぐるみで愛想をふりまいているのか、誰にもわからない。あえて言えば（僕らの親友）三宅が気に入ってるのだ。

「これ着るとすごくモテるんですよ。前の通りに出て手を振ると、クルマから手を振り返してもらえる。女の子にもきゃあきゃあ言ってもらえるんです」

「そ、そうですか」

「着てなかったら僕なんか手を振ってもらえませんからね」

「まぁ、そうなりますか」

そして、三宅工場長は特別な申し出をしてくれた。僕とトロさんにだけ、親友の証として。

「着てみますか?」

着る着る。これまで三宅さんが工場長特権として他の誰にも着させてこなかったかしだ。旅団は一大撮影会になった。僕は日本じゅうのライターに自慢したい。三宅工場長特別許可のモテアイテム、山田うどんのかかし着ぐるみは(親友の)オレらがいただいた!


あふれるような愛の山田うどん。僕らはその厚情に感謝して、むしろ「厚情見学」と呼びたい半日を締めくくる。が、ひとつだけどうしても気になることがあった。見学コースには入ってないのだが、どうやらセントラルキッチンには社員食堂があるらしいのだ。社員食堂では何と山田うどんが出されているらしい。誰も目にしたことのないシークレット山田うどんが工場内に存在する。そして山田うどんで働いている人は山田うどんでエネルギーを補給しているのだ。山田うどんを提供する人が山田うどんを提供してもらう。山田うどんのエネルギーで山田うどんが作られる。いわば「山田うどん永久機関」のような運動だろう。社員、従業員は無料らしい。どうにかして見せてもらえませんかのう。

　親友は裏切らない。三宅工場長の特別許可が再び出た。旅団はもう一度、迷宮のなかを進む。階段を上り、パイプラインを抜け、会議室を通り過ぎた。扉を開けると食堂だ。テーブルに女性従業員さんがたまっている。奥に喫煙コーナーや座敷がある。あぁ、これは見にきてよかった。厨房のところにメニューの札が下がっていて「たぬきうどん」と「冷やしたぬき」の二種類だ。女性従業員さんが「さっきコロッケ作ってたの私よ」と笑顔を向けてくれる。ていうか、その従業員さんのテーブルの箸置き！　かかしがカウボーイハットをかぶってませんか？　「これは！」と古墳発掘で三角縁神獣鏡《さんかくぶちしんじゅうきょう》を掘り当てたような顔で三宅工場長を見やると、「そうです」と小さくうなずく。かつて兄弟店「カントリー・ラーメン」で使っていたデッドストックだ。国宝級の山田遺産だ。「カントリー・ラーメン」は七〇年代、ニューヨークに進出した「ＴＡＲＯ」の流れをくむ山田アメリカニズムの結晶だ。うわ、フツーに普段使いしているのか。もう、二度とかかしのカウボーイ姿は見られないと思っていた。

帰りに玄関で靴を履くとき、会長さんの下駄箱を発見して「拝見していいですか？」とうかがってみる。黒革のインナーシューズが出てきた。履き込まれて、人の温もりが感じられる。「あ、そういえばそのままになってますね」と三宅工場長が寂しそうにつぶやく。山田裕通会長は亡くなられたけど、この工場見学を笑顔で見守っておられた気がした。着ぐるみを着せちゃうときは「三宅、大事な着ぐるみいいのか？　親友か？」と爆笑されてたんじゃないだろうか。

山田で働く

北尾トロ

謎めく山田の最終工程

二〇一四年一月三日午前八時五〇分、ぼくは所沢にある山田食品産業の本社にいた。今日一日、隣接する山田うどん本店で、研修生として働くためだ。

これまで客として山田に通い、工場見学し、山田の味がどうやって生まれ、客の胃袋に収まっていくのか見てきたつもりだった。おばちゃんたちを中心に据えた山田ならではの自由な接客ぶりにも、マニュアル化された全国ネットの大型チェーン店にはない温かさを感じてきた。しかし、いまだに確認できていないことがある。

山田では味の基本形を工場で作り、各店舗で仕上げの調理をした上で客に提供しているのだが、製造の最終工程を見ていない。客席から目にすることができるのは、受け渡し窓口から出された完成品を、フロア担当者が受け取る瞬間からなのだ。

工場で茹でられたうどんは少しコシを残す状態で出荷され、店でもう一度、軽く茹でてから提供される。これに関しては、駅そば店でよく見る光景だから想像がつく。しかし、焼きそばはどうなんだ。野菜炒めの野菜はどんな状態で店に到着し、どのように調理されるのか。丼ものは店で調理すると察せられるが、難易度はいかに。

なかでも山田の人気アイテム・かき揚げが気になる。かき揚げはひとつずつ店で揚げていると聞いており、調理技術の差で、味の違いが出やすいというではないか。チェーン店としては、どの店で食べても同レベルの味をキープしようと努力しているはずだが、システム化しきれないところもある。最後の最後、職人としての腕が問われる。言い方を変えると、セントラルキッチンがあるからといって、店の個性がすべて消えるわけじゃないのだ。

他にも興味は尽きない。忙しい時間帯、一秒でも早くオーダーをこなすため、いかなる手段で作業の効率化を図っているのか。そもそも調理場を何人で回しているのか。雰囲気はどうか。チームワークは、休憩時間は、服装は。考えだすと知らないことだらけだ。まかない飯とかあるのかなあ。山田ではセントラルキッチンにも本社にも社食があって、うどんが無料で食べられる。店舗にもまかないがあるんじゃないか。

誰が作るのかなあ。ほら、テレビの料理番組なんかでイタメシ屋のまかない飯が映るときがあるでしょう。だいたい若手が担当し、その日の材料に応じてメニューを考えたりしてる。それもまた修業のひとつ、みたいなところがあって悪くない習慣だと思う。山田の場合はセントラルキッチンから送られてくる素材に限定されるから、まかないも店のメニューってことに。それとも経費節減のためうどん限定か。来る日も来る日もうどんなのか。いくら消化が良くても、それだとカラダが悲鳴を……しつこいよ！

謎を解くために、厨房に潜入したい。でも、営業時間外の潜入では意味がない。早朝開店、夜一〇時閉店が標準の山田である。営業時間外っていったら深夜。そんな時間にこそ厨房を動き回ったらドロボーみたいだよ。

解決策はひとつ。山田で働けばいい。アルバイトに応募できれば一番いいが、目的が目的。厨房の様子を知りたいからその期間だけ雇ってくれなんて、あまりに動機が不純だ。そこで素直に、研修生として一日だけ働かせてほしいと頼んでみたのである。

まさかの調理番指名

本社に行くと、営業推進部販売促進課の江橋丈広さんが待っていた。江橋さんは山田の社員でありながら、長い間そのことに自信が持てずにいた人だが、このところメキメキと自分が働く企業に興味を抱き、〝山田内山田者〟とでも言うべき独自のポジションを確立している。しかし今回は厨房という店舗の中枢への潜入とあって、現場との折衝には苦労したらしい。粘った末、食器洗いと掃除ならＯＫとの許可をもらってくれた。

ありがたい。ぼくとしては厨房の様子を体験できれば御の字。新年早々、お騒がせしてすまんです。なるべく迷惑をかけないようにしっかり働きます。

スタッフ用の帽子、ポロシャツ、エプロン、靴を着用して本店に向かうと、三〇代半ばと思しき大柄な男が待機していた。店舗運営部の富岡繁さんが指導をしてくれるのだ。これには二つの意味があると推測できた。ひとつは現場の邪魔にならないようにとの配慮。もうひとつは、山田が「こうあるべし」と考える厨房の仕事ぶりを正しくぼくに伝える役割。主な理由は前者だろう。厨房の仕事はチームプレー。何も知らない素人が混じるだけでリズムが狂う可能性がある。それでは仕事にならない。

富岡さんは大学時代、山田でバイトしたのをきっかけに卒業まで働き、そのまま就職した経歴の持ち主だ。

「地理が好きで、地図を作る会社に就職しようと考えていたのに、ずるずると山田の社員に。楽しいからいいんですけど、どこでこうなったんだか」

ここにも〝気が付けば山田〟組がいた。アウトドアスポーツが好きで、思い切り自転車に乗れるのではとの安易な理由で山田に入社した三宅工場長。元はサーファーでアパレルメーカーに就職したはずが山田に身を落ち着けた江橋さん。この会社には〝気が付けば山田〟の人になり、そこから徐々に会社を好きになる人が多いようだ。

研修は発声練習から始まった。いらっしゃいませを筆頭に、いくつかの客に掛ける言葉を大声で響かせる。

「もっと、お腹に力を込めて声を出しましょう」

叫んだよ。力いっぱい叫んでみたらスッと気持ちが軽くなった。

厨房は客席側から見て、手前に受け渡しのスペースがあり、その左手にうどんやそばを茹でるコーナーが配置されている。フロア担当と接触するここは、厨房の最前線と言えるだろう。その奥には四つのシマがあって、左側から「かき揚げ」「丼もの」「中華と揚げ物」「餃子」の配列。右端が洗い物置き場と自動食洗機。奥には肉や野菜を保管する冷蔵庫が立ち並ぶ。他にも細々とあるが、だいたいそんなところだ。

入念に手を洗ってから、各ポジションの説明を受けた。三が日ということもあり、九時過ぎの店内は客もまばらだ。

最後に説明された洗い物の処理の仕方を、ぼくは熱心に聞いた。自動食洗機の使い方は複雑ではなく、一安心だ。迷惑をかけぬよう真面目にやらねばと軽く屈伸運動などして気合を示したものの、まだ洗い物、たまってない。それに気づいた富岡さんが、とんでもないことを言い出した。

「ここはまだいいでしょう。それよりどうです、やってみますか、調理」

え、いいの。

「私が指導します。のんびりしているうちがチャンスですよ。せっかくですからやってみましょう」

それもそうだな。でも何からやればいいんだ?

「ちょうどいま揚げている、かき揚げはどうです。うまくできたらお客さんに出しちゃいましょう」

中華のシマで鍋を振れ

厨房では、麵類にせよ中華にせよ、調理しやすいように処理された素材がセントラルキッチンから届けられる。野菜のほとんどはカットされた状態だし、肉もスライス済み。しかも、あらかじめ一人分か二人分に小分けされている。調味料も種類ごとに小袋に入れられ、切って注げば山田の味になる仕組み。現場での作業をなるべく少なくし、押し寄せる客に対応する工夫が凝らされている。

ただし、かき揚げだけは例外。セントラルキッチンで揚げてしまうと油が酸化し、まずくなるため、各店舗でその日に揚げたものを提供する。

「簡単そうにやってますけど、かき揚げは厨房で一番センスを要する仕事なんです。彼女はベテランで、ふんわりしたかき揚げを作りますよ」

見ていると、揚げながらプスプスと針状の器具を突き刺し、空気が入るようにしている。この工程をいかに素早く、まんべんなく行うかで仕上がりが違うのだそうだ。やらせてもらうと、思うように空気が入らず、もたついているうちに焦がしてしまった。

「これはダメですね」

廃棄処分である。二度目は富岡さんが途中で助っ人に入り、なんとか完成。三度目でやっと、それらしくできたと思ったら、かき揚げうどんの注文が。

「タイミングいいですね。北尾さんの揚げたやつ、出しちゃいましょう」

言うやいなや、できたてのかき揚げが皿に載せられてフロア担当者の元へ渡り、中年の女性客のところへ運ばれた。いいのか、これで。

「上出来のかき揚げでしたよ。あれはおいしいはずです」

洗い物がたまらないためか、少しは使い物になりそうだと思われたのか、ここで大胆な方針変更。厨房の花形（スタッフなら全員やってることだが）である調理を体験させてもらえることになった。一日やっても、食べ物には手を触れられないと思っていただけに上々の滑り出しだ。

三〇分後、ぼくは中華のシマでおずおずと中華鍋を振っていた。挑むは野菜炒め。

「思い切って手前に引いてください。でないと返しがうまくいきませんよ。もっと強く。あぁ、それじゃダメ。こぼしてもいいから強く振ってみましょう。そうそう。こぼれたけど気にせず振って！」

これ、練習じゃなくて本番だ。もちろん手元が怪しくなるとすぐ富岡さんが中華鍋をもぎとって失敗を防いでくれるのだが、ぼくが作ったものが商品として客席に出ていくことに変わりはない。

皿洗いのはずが、どうしてこうなるのか。それには一月三日であることが関係している。世間はまだ正月モード。街はにぎわうとしても、街道沿いで近くに大きな神社などもない本店では、それほどの混雑にはならないと読んでいる。とはいえ、予想通りに行かないのが客商売。そこで昼と夕方の食事時にスタッフやバイトの層を厚くし、暇そうな時間帯は少人数の態勢を組み、足りない分は富岡さんがカバーすることになった。ちなみに本店ではいま、二七人のスタッフ（バイト含む）をローテーションさせている。

作業効率を考えたら、ぼくの立場はせいぜい富岡さんの助手だ。でも、この人はバイトから叩き上げた調理人。指導方針は「やればできる」であり、「失敗の数だけ腕が上がる」のスパルタ方式なのである。その癖が出たのか、一日研修とわかってるのに、ぼくを特訓にかかったのである。江橋さんが様子を見に来て、調理をしているぼくに目を丸くしても、富岡さんは動じない。

「北尾さんには中華番をやってもらうことにしました。これからランチで忙しくなりますよぉ」

おもしろがってるようでいて的確な指導だと思う。なぜなら実際に調理をすることによって、最小限の作業で最大の成果を得ようとする山田の考えが手に取るようにわかってくるからだ。また、ぼくの仕事は調理と盛り付けなのだが、できたものは最前線に渡すことになり、その僅かな時間に客の動向も目に入るから、一連の流れが確認できる。

一一時、最初の休憩一五分。

ランチタイムがやってきた

一二時少し前から客が増え始めた。富岡さんと並んで中華鍋を振る時間が増える。いちいち確認を求めるわけにもいかず、自己判断で火を止め、盛り付けていく。厨房に入って三時間。曲がりなりにもスタッフ的な動きができている自分が信じられない気持ちだ。

昼前から学生風の男子バイト二名が加わり、厨房スタッフは七名に強化された。それぞれ忙しく手を動かしながら元気な声を出している。いらっしゃいませ~などの掛け声は当然として、厨房内での会話も多い。男子バイトと富岡さん、ぼくを除く全員が女性ということもあって雰囲気は明るく、客席には聞こえない大きさでの軽口が飛び交う。話し込んだりはしないけれど、短い会話が潤滑油の役目をして、場に活気が生まれるのだ。店長がムードメーカーになって冗談を言うので、スタッフも話がしやすい雰囲気になる。おまけに今日はやたらと快活な富岡さんまでいるので笑いが絶えない。

上下関係を感じさせない家族的な雰囲気は、定着率の高さに現れている。厨房のスタッフはベテランが多く、気心がしれた仲間。パートの人に尋ねたら自分はまだ三年で若手の方です、なんて言うもんなあ。

うまく行ってるなと思ったのは、手が空いた人が仕事を自分で見つけて動くこと。朝作ったかき揚げの補給をしたり、二人前でパックされた野菜を小分けしたり、ぼんやりしている人がいない。その動きがいちいち自然に見えるのは、厨房全体のリズムに乗っているからだろう。暇な時間帯は四ビートくらいだったのが、ランチタイム突入後はアップテンポになっている。そのリズムにみんなが合わせて仕事をしていると、動線が乱れることなく全体がスムースに流れる。和を乱すのはもっぱらぼく。失敗すると慌ててしまい、そういうときに背後を通る人と接触することになる。

六名のグループ客が入った。おもしろいもので、グループ客の注文は麺類、中華、丼、カレーなどジャンルが偏る。今回はパンチ焼きそば、生姜焼きセット、チャーハンで、たちまちぼくはフル稼働だ。それが終わると丼が重ねて入る。

「北尾さん、私が見てるからやっちゃって」

午前中に一度、要領を教わっていたから引き受けた。よーし、ここで無難な仕事ができれば、スタッフの負担がその分軽くなる。出汁と具材を投入して火をつけ、煮立ってきたら溶き卵を流し込んで蓋をし、一呼吸置いてオープン。用意してもらったご飯にスッスッと乗せれば完成だ。

「かき揚げ丼上がりましたー！」

声も軽快になってきたね。ノッてるって言うのかな、失敗したらやり直せばいいと開き直ってから絶好調だ。

と、ここで仕事が途切れた。見回すと、全員の手が止まっている。店長と富岡さんは渋い表情。客足が思ったほど伸びないままランチタイムが終わったようだった。

「悪い方の予想が当たったちゃいましたね。ただ、このままダメではないと思いますよ。夕方以降が忙しくなることに期待ですね。ちょうどいいから昼にしましょう。食べたいものを作ってください」

おお、まかないは自分で作るのか。好きなものを作って食べられるなんて、山田で働く人のみに与えられた役得だなあ。さて、何にしようか。とはいえ手のかかるかつ丼セットは図々しすぎるだろう。中華はさんざん作ったから、つけ汁の肉汁うどんにしてみた。教えてもらいながらではあるが、我ながら上出来だ。

社長にパンチ焼きそばを

昼休みは交代で取る。厨房の奥に休憩室が備えられているので、そこで食事したり雑談する人が多いようだ。自作のまかないを食べると、やっぱりうまい。食後に喫煙所で一服。江橋さんとお茶して時間までリフレッシュした。

「アイドルタイム（暇な時間帯）に入っちゃいました。急に団体が来るときがあるから油断はできないけど、この時間を使って仕込みをしましょうか」

いいねえ、富岡さん、ぼくを休ませようとしない。ときどき入る中華と丼は全部こっちに回してくれる。おかげで中華鍋の使い方がめっきりうまくなってきた。単純な話で、コツがわかると道具は使いやすくなり、道具が使えると料理の仕上がりがきれいになる。すると気分が良くなって、もっと中華鍋を振りたくなる。注文がなければ、やることがないかと探すようにもなる。俺、もしかすると調理の才能あるかも……錯覚だけどさ。セントラルキッチンでお膳立てができているからこそのラクチンさであることを忘れてはならない。チャーハンなんて、調理するのは卵だけで、味付けまでされたご飯をうまくほぐし、中華鍋を返しながら卵となじませるだけで出来上がる。求められるのはスピードで、一連の流れをいかに素早くこなせるか。富岡さんはぼくがチャーハン二つ作る時間で三つは作れる。

でも、これだけは確実だ。ぼくがそれなりに調理できているということは、新しくバイトで入った、ロクに自炊したことのない学生でも同じくらいできるということなのだ。立場を変えて山田サイドから見れば、初日からバイト代に見合う働きを可能にする洗練されたシステムができている。

山田の厨房は、料理人の能力がモノを言う個人経営店とはまるで違う。だけど、マニュアルに沿ってすべてが行われる機械的な空間でもない。その中間だ。ぼくたちは山田に入るとホッとする。味もそうだけど、醸しだされる雰囲気に和み、接客マニュアルのなさやフロア担当のおばちゃんたちの笑顔こそがその要因だと考えてきた。だけども、見えていなかった厨房内にも、同じくホッとさせる雰囲気がある。それはセントラルキッチンにもある。山田の食べ物が生まれるラインというのは、じつは工場内のベルトコンベアの上ではないのではないか。工場とフロア担当をつなぐ厨房にいたら、セントラルキッチン→厨房→フロア担当→テーブルという目に見えないラインが存在し、食べ物と一緒に何かを運んでいるような気がしてきた。

午後三時頃、山田裕朗社長が予告もなく厨房にやってきた。研修生の働きぶりが気になったみたいだ。平気っす。富岡さんの指導力で、もうバンバン作ってます。

「何が一番自信ありますか」

迷わずパンチ焼きそばと答えた。もつ煮込みをタレごと絡めればいいから初心者で

北尾の“作品”が客に出される、の図。

も失敗の確率が少ないのだ。

「あれはうまいよね。俺、客としてオーダーしようかな、ははは」

冗談かと思ったら、五分後、本当に注文が入った。厨房から覗くと、社長が一人でカウンター席に座っている。山田の社長が、山田ラインのしんがりに位置どったのだ。ぼくが提供すべきはパンチ焼きそばだけど、できれば作れるようになっただけで終わらせたくはない。何かを一緒にテーブルに届けたい。そうだ、山田者のひとりとして、山田者が山田の厨房で働くことがどんなにうれしいかを社長に伝えよう。

ガシガシと中華鍋を振る。隣で腕組みしながら見つめていた富岡さんが、一発ＯＫを出してくれた。

作り終えたパンチ焼きそばを、ぼくは自分で運び、これは絶対にうまいですよとテーブルに置く。だってそうだろう。これには富岡さんのつきっきり指導という隠し味が入っているのだ。

きっちり午後六時に仕事が終わった。着替えて江橋さんに挨拶し、朝の入店以来、初めて外の空気を吸う。すれ違いに、家族客が店に入っていくところだった。社長が食べたあと、店はアイドルタイムが続いてしまったが、夜は混み合いそうだ。そろそろみんな正月のごちそうに飽き、日常が恋しくなる頃なのである。初詣らしきことをしていなかったぼくは、三が日が終わるんだと思って、かかしにチョイと手を合わせた。かかしだもの、願は特にかけてない。

II
山田を考えられるだけ考えた

山田うどんの埼玉性について

えのきどいちろう

山田うどんの「埼玉性」について、あらためて考えてみる。例えば『秘密のケンミンSHOW』の埼玉県特集（読売テレビ制作　二〇一二年五月三日放送回）のトップを飾り、約二〇分にわたって取り上げられたことが顕著に示すように、山田うどんといったら埼玉、埼玉といったら山田うどん（や、十万石《じゅうまんごく》まんじゅう）は自明のことのように思われている。実際、『ケンミンSHOW』出演のスタジオゲスト（その回は埼玉県出身タレントがずらっとヒナ段に並ぶ）の食いつきが相当よかった。

「うちの近所にも第2産業道路沿い、旧16号沿いとかも普通にあります」（タレント・土田晃之さん）

「山田うどんを見ると、あ、埼玉へ帰って来たなって感じがします」（俳優・相島一之さん）

「私は小学校の頃、プールの帰りに必ず山田うどんで。私はうどんとカレーセットをいつも頼んでました」（タレント・吉澤ひとみさん）

「私は当時、地元に住んでたときに付き合ってた彼女とよく行ってたんですけど、セットを頼んで二人で分け合って食べてましたね」（芸人・オードリー 春日俊彰さん）
「うちなんかは今でも若手たちに、焼肉行こうってときに、まず始めに山田うどんに行ってこい、それを二杯ほど食ってから焼肉に行こうと。山田うどんさんには助けられております」（タレント、女子プロレスラー・北斗晶さん）
「ちょうどいいんだよ、ここへ行くと。ロックンロールにはコシはいらないぜみたいな」（ミュージシャン・ダイアモンド☆ユカイさん）
実に楽しいでしょ。で、語られているニュアンスだけど、これは地元のリアリティーだ。原体験としての山田。埼玉人としての自意識につながっている山田。ここでは（番組が埼玉県特集であった以上、当然だけれど）、山田うどんの「埼玉性」が一切疑われていない。

が、それは本当なのだろうか。店舗マップを見ると、山田うどんは関東一円に広がってるチェーンだ。確かに埼玉は強力な地盤だが、まったく同じことを神奈川人や千葉人、茨城人、栃木人、群馬人が感じていないとも限らないだろう。例えば吉澤ひとみさんのように「プールの後は山田うどん」が習慣化し、刷り込まれた群馬人は考えられないだろうか。

ひとつの例として、前橋工高出身の渡辺久信監督のエピソードがある。かつてのライオンズのエースだ。ゴルフコンペで偶然、山田うどん・山田裕通会長と同組になった渡辺監督は「高校時代、部活の帰りにお世話になりました」と最敬礼された由。食べ盛りの群馬の高校生にとって、山田はそういうリアリティーだった。ただ渡辺監督が現在、埼玉西武ライオンズの監督であり、同球団が山田うどんと同じ所沢に本拠を置くことを勘案すると、このエピソードは「埼玉性」を補強する材料にもなりかねない。

そうだ、「所沢」という要素はどうだろう。所沢は埼玉なのか？　いや、埼玉は間違いないんだけど、埼玉の中心というか心臓部分であるのだろうか。山田うどんの家郷、本店&本社が所在する所沢は誰が見ても埼玉の周縁部に違いない。言わば「埼玉性」が低い土地だ。だから埼玉西武ライオンズが「埼玉」を名乗ったのは、所沢や東村山、東大和といった西武線沿線住民だけでなく、広く埼玉県民一般にアピールしようという考え方だった。所沢で野球やってても浦和や大宮の人が関心を持ちにくい構造だったのだ。

僕の考える所沢は「埼玉ゾーン」と「多摩〔丘陵〕ゾーン」の交錯した地点だ。もうひとつ広い意味の「武蔵野ゾーン」を加えてもいい。たぶん山田うどんはその複数円の集合部分に本質を持っている。と、仮説を立ててみるのはどうだろう。

するとと「埼玉性」は一歩後退するのではないか。冒頭、『ケンミンSHOW』で確認した「埼玉性」はあくまで店舗が増殖して、その後に定着したものと考えられる。

が、これには次のような反論が容易に可能だ。増殖した店舗こそ山田の本質じゃないか？　本店&本社の所在する所沢をオリジナルと発想することこそ非・山田的である。それはポップアートや写真等、複製芸術の論争に似ている。オリジナルプリントが本質なのではない。印刷され、増殖し、メディア化したものこそが本質なのだ。だからアンディ・ウォーホルはスープの缶詰を作品にしたのだ、と。

話がややこしくなった。山田うどんの「埼玉性」について考えを進めていきたい。山田の本質がどこにあるにせよ、埼玉人が山田ネイティブであることは、ほぼ鉄板と考えていい。住んでいる地域によって「うちの辺には山田うどんないけどなぁ」という方もおられようが、クルマで外出されたら何らかの山田に出くわすチャンスがある。なじみの薄い埼玉人も、世代によって「だうどん」「やまう」とカジュアル化して呼びならわす友人に感化され、かかしのマークに既知感を持つに至る。

が、埼玉人の山田うどんとの接点は、それだけではないのだった。ここでは埼玉県富士見市出身の奥山拓也さん（四四歳、文化放送・制作部）のエピソードを見てみよう。奥山さんの住環境には山田うどんが一軒もなかったそうだ。が、彼は驚くべき形で、かかしマークとの邂逅を果たす。通っていた富士見市立上沢小学校（現在は鶴瀬西小学校と統合され、つるせ台小学校になっている）の学校給食だ。

週一ペースで給食に出てくる「ソフトめん」のビニールパックに、かかしマークがプリントされていた（！）。

山田うどんは埼玉県の学校給食に「ソフトめん」を納入していたのだ。このファーストコンタクトがもたらす心理的効果は見逃せないだろう。奥山さんは「このかかしの会社は、全国的に有名な一流企業だろうと思っていた」と語る。かかしマークは、ナショナルブランド的なメジャー感を子供心に刷り込む。味や食感においても、学童期の原体験の持つ意味は大きい。山田の学校給食に関しては、地域や年代によって業者が異なるケースがあり、一概に語れない（又、「ビニールパックにはかかしマークがついておらず、搬入のプラスチックケースにだけついていた」とする証言もある。これも地域差、年代差か？）のだが、濃淡はあれ、埼玉人の魂の深部に山田うどんが根づくひとつの契機になるだろう。

「ビニールパックにかかしマークついてたよね？」「ついてたついてた！」「あれ、ソフトめんってさ、いっぺんに投入すると量多いから半分ずつ入れなかった？」「あ、そうそうそう！　給食のお椀からあふれちゃうの」「手で半分ずつ入れるんだけど、うちのクラスではモノサシでビニールの真ん中をきゅっきゅっと切って、パック自体を半分にするのが流行った」　僕も埼玉人がこうした給食トークを爆発的に展開しているのを見ると、山田うどんの「埼玉性」に検討なんか加えるのがムダに思えてくる。その「埼玉性」に疑義をさしはさむ余地なんてあるだろうか。

が、ここで根本的な疑問が生じる。埼玉とは何か？　広大な県域を有する埼玉はひとくくりにできるものなのか？　学校給食のエピソードを語ってくれた奥山拓也さんは「埼玉は電車の線路でタテに分かれている。僕は東武東上線沿線だったので、ずっと川越が埼玉の中心だと思っていた。浦和や大宮は後年まで視野に入ってなかった。その埼玉をヨコにつなげてくれるのが武蔵野線と山田うどんなんですよ」と語る。つまり、統一された実感を持ちにくい県なのだ。アイデンティティーが生まれにくい。東京圏に比較的近い地域は、ベッドタウンや新興住宅地として自立した意識が芽生えにくかったと思う。僕が学生時代を過ごした川崎市多摩区（小田急線の向ヶ丘遊園駅）もそんな風だった。サラリーマンのお父さんは東京の会社へ行って、夜、寝に帰ってくる。だから僕は九〇年代に始まったJリーグが首都圏のサポーターにもたらしたものは「ベッドタウン解放闘争」だと感じた。埼玉ならば浦和レッズであり、大宮アルディージャだ。僕の実家の川崎市多摩区なら川崎フロンターレだ。僕は川崎フロンターレのホーム、等々力競技場のスタンドに「川崎魂」という断幕が掲げられてるのを初めて見たとき、心底驚いた。お父さんが寝に帰っていた街にプライドを持て、と断幕が主張している。首都圏は地価が高いせいで、Jリーグクラブが本拠としたのは近郊の街ばかりだった。浦和は浦和の、柏は柏の「地元意識」による自立が求められることになった。

あ、ここで余談。山田うどんとJリーグの関係性は興味深いものがある。まず、浦和レッズのホーム、埼玉スタジアム2002には売店が常設され、レッズ側ゴール裏上方にはかかしの看板が掲示されている。売店はハーフタイムに行列ができる盛況だ。又、かかし看板がレッズカラーに変更されているのも見逃せない。山田うどんが関与するもう一チームは意外なことに大宮アルディージャではなく、川崎フロンターレだ。等々力競技場のピッチを囲む広告板のひとつが山田うどんであり、場外にはテントの出店が設営される。浦和と川崎という二クラブのスポンサーを務める立ち位置は、

「埼玉ゾーン」「多摩（丘陵）ゾーン」の交錯を思わせる。ちなみにこれらJリーグ会場売店は、山田うどんHPの店舗一覧には掲載されない「幻の店舗」であり、僕は個人的に「引き潮のときだけ現れる、地図にのってない島」みたいだと気に入っている。

話を戻す。東京圏に近い埼玉は「東京の延長」であり、Jリーグ近郊クラブの活動は結果的にそこからの自立を促すものだという話をしていた。では、熊谷は？　行田《ぎょうだ》は？　もう、武蔵野線がヨコにつないでくれない埼玉はどうなのか？　「埼玉性」の定義は難しくなってくる。ここで僕は山田ミチローさん（山田裕通会長の次男。ミュージシャン&映像作家。本名は「道朗」）のコメントを引こう。ミチローさんは山田食品に入らず、トラック運転手のバイトをして、フリーランスの仕事を続けてきた。

「埼玉をトラックでまわってた頃、場所によって風景が違うなと思ったんです。東京に近い埼玉は東京みたいな風景だし、千葉に近い埼玉は千葉っぽい感じだし、熊谷とか奥のほうはやっぱり北関東の雰囲気なんですよね。埼玉といっても色々あるんだなぁと思いました」

たぶんこれが正解に最も近い感覚なのだと思う。つまり、埼玉っぽさというのは色々あるのだ。逆に言えば、その多様性なり、特徴の無さなりが「埼玉性」だ。僕は

「埼玉性」は関東の個性だと思っている。埼玉を見ることは関東を見ることだ。又、埼玉を考えることは関東を考えることだ。

山田うどんチェーンが平準化し、一般化した埼玉は、その方向性において最終的に埼玉である必要がなくなったのかもしれない。関東全域が一種の「埼玉性」を持った。だから関東全域のロードサイドには山田うどんがある。いや、山田うどんを主語にして同じことを言い直そう。山田うどんが関東全域を埼玉化してみせたのだ。山田うどんがある場所はどこか埼玉だ。それが僕の、現時点で考える「埼玉性」に関する答えである。

追記　埼玉スタジアム２００２の赤い山田うどんは現在は姿を消している。多くのレッズサポからのラブコールは今も絶えない。

うどんの国から

北尾トロ

山田のことを考えていくと、うどん問題に突き当たる。「山田」に気を取られがちになるが「うどん」だって大事なのだ。進化を繰り返すうちにセットメニューが主力となってきたところはある。しかし根幹はうどん。そこは山田自身よくわかっていて、セットメニューがいくら充実しようと、うどん屋魂を注ぎ込むことを忘れない。

試しに山田のメニュー（二〇一一年版）を開いてみよう。バッ。表紙で一番目立っているのはアジフライやかき揚げ丼で、うどん関係は肉南蛮うどんが大きく写っているものの、うどんはチラっとしか見えない。六ページに及ぶ中身でも麺関係は温麺&つけ汁の二ページで、セットメニューが三ページ、単品メニューとドリンクで一ページの構成。腹ペコの客ならセットメニューに吸い寄せられるのが必然だ。セットのバラエティも心憎くて、カツ丼セット、スタミナ丼セットの贅沢コース（といっても七〇〇円台）から、パンチセット、かかしカレーセットまで、満腹を予感させる力強い布陣。おかずっぽいものを所望する客向けには野菜炒めセット、アジフライセットなどが待機。お袋の味が望みなら、さば味噌煮セットでもてなす用意もある。気を入れずにメニューを眺めた印象はバリュー系和風ファミレスだ。どうした、うどん影薄いぞ。が、よくよく覗き込んでみれば、うどん写真が背後霊のように添えられているのがわかってくる。山田のセットは、すべてうどん付なのである。つまり野菜炒めセットを注文すると、どっしり重量感をたたえた野菜炒めにごはん、スープ、漬け物にうどん（またはそば）がついてくるのだ。米＋麺のダブル炭水化物攻撃。この発想、うどんへの執着心。驚異としか言えない。

しかも小うどんでは許されない。たっぷり一人前だ。うどんを食わさずに帰すものかの迫力である。このことから、豊富なセットで魅了しつつも、山田が本当に食べさせたいものがうどんなのは明白だろう。運ばれてきたとき、慣れてないとのけぞるもんなあ。この量は無理だと弱音吐きたくなる。ところが食べられる。モチモチのうどんがガッツリ系の揚げ物との緩衝剤的役割を果たし、ツユの助けもあって箸の動きが軽快に。この芸当は米では不可能だ。

カロリーが膨大との指摘もあろうが体重のことなど気にする山田ではない。むしろ逆だ。「カロサーチ」で山田うどんを探索すると、セットは軽々一〇〇〇キロカロリー越えを連発。ヘルシー志向のこの時代にあって、暴力的なまでの数値を叩きだしている。創業以来、安い値段で腹一杯をスローガンとしてきただけに、頑としてエネルギー充塡にこだわる姿勢がブレない。こんな食べ物屋がどこにあるというのだ。女性客のニーズなど無視して、すべては腹ペコ野郎のために……。

根幹がうどんだからこそ成し得た満腹戦略。そうなると気になるのは、なぜ山田はうどんなのかということである。もちろん製麺屋からスタートしたチェーン店だからだ。製麺屋を始めたのは、周囲で小麦が生産されていたからだ。山田以前から、うどんは地元の日常食だった。となると、山田は一種の地場産業だと考えられないか。

そういえば、山田の地元・埼玉県西部には武蔵野うどんと呼ばれるものがある。麺は硬めで、モッチリした山田とは系統が違うと思い込んでいたけれど、や、や、山田メニューのつけ汁（つけめんのような食べ方）は武蔵野うどんそっくりじゃないか。僕は武蔵野うどんをよく食べるので、久方ぶりに山田へ行ったときすぐピンときた。山田は武蔵野スタイルを導入している。

武蔵野うどんは、ごっつい歯ごたえを持つ太い麺をつけ汁で食べる多摩や埼玉の地元うどん。つけ汁は野菜が入った〝糧《かて》〟が基本だ。糧には食料の他に、活動の根源とか支えという意味があり、うどんを食べて元気だしてきた歴史がうかがえる。注目すべきは、山田が武蔵野うどんとの関係性を訴えることなくメニューに採用していることだ。メニュー考案時、あたりまえのように土地柄がにじみ出た。それは山田にとって自然なことだったし、客にとっても違和感のないものだったと推察される。天下取りを意識しているチェーンなら地域性を強く打ち出して攻めたいところ……武蔵野うどんで天下取れるのかは大いに疑問だけど、そんな意識はさらさらない。

山田うどんはオーソドックスな温麵を主軸に据えることで誰でも気軽に食べたくなる食べ物屋になれた。だが、その底流には武蔵野うどんの血が通っている。この仮説のもとに山田を考えていくと、どうにも謎なのが麵だ。山田の麵はもちもちした食感で柔らかいのである。

一時は関西うどんの影響を疑った。でも、つけ汁のほうは太麵を採用するなど、武蔵野うどんを表現しようとする気配。山田の生い立ちを思い出せば、関西風にすり寄る理由も見当たらない。山田が温麵とつけ汁で麵の系統を変えるなんて面倒なことをするとも思えない。そんなことをしたら味がぐらつくだけではないか。子どもが相手の学校給食では消化のいい麵にする必要があったので、店でもその路線になったのか。いや、これでは本末転倒である。

会長に一度だけ会ったとき、昔は地元の小麦を使っていたと知ってなるほどと思った。埼玉県は全国の指折りの小麦の産地。もちもちした食感が特徴だ。そこで、武蔵野うどんは地元産の小麦をワイルドに打ったものだとしてみよう。山田製麺店のうどんも、元来はそういうものだったと。でも、事業の成功で大量生産の時代に入った。外国産の小麦に頼らざるを得ない上に、工場で生産し、客に出す前に店でもう一度茹でる形式は、どうしても水分が多くなりがち。と、ごつごつしたところが消え、柔らかさが前に出た。でもこれはこれでうまい。客にも好評なら、この路線で行くべぇとなった。

僕が言いたいのは豪族の背後にうどん文化ありってことだ。国産小麦の代表選手は農林六一号という品種で、これを作り出したのは佐賀県農業試験場。戦争末期、昭和一九年に新種として誕生したこの小麦は日本中を席巻した。同じ小麦が使われたわけですよ。それなのに、食べられるうどんが地域によってさまざまなのは気候風土や味の好みがバラバラってことになる。長い歴史をもちながら融合することがなく、食べ方も麺の硬さもいろいろ。調べていくと、うどんはびっくりするほど地域性強いんだ。

日本はうどんの国である。我々はうどんとともに生き、うどんとともにその生を終えていく国民だ。

主食の座は米に譲ろう。米の飯は活力の源、生活そのものだ。昔は武士の給料が米だった国である。その役割は重く、不足すれば死活問題になる。かつて米不足で輸入タイ米に頼らざるを得ない状況に陥ったときは、日本中が意気消沈した。

でも、人生において先に口にするのはうどんであることが多い。僕がそうだったし、娘も離乳食として消化の良いうどんがなくてはならない存在だった。高齢者もいよいよ弱ってくると米を嚙んで吞み込むのが困難になる。そんなとき、うどんの滑らかさが活躍するのだ。

ファストフードとしての歴史もそばより古い。江戸っ子はそば好きと言われるけれど、信州から伝わる前はみんなうどん派だったそうだ。植物としても小麦は稲より逆境に強く、各地の風土と絡み合って独自の進化を遂げていく。そのため日本にはいろんな味や食べ方のうどんがあるのだ。

家で打って食べていたから、うどんで商売するには一定のレベルが求められる。創意工夫は日本人の得意技。長い歴史の中で、たぬきにきつねに天麩羅おかめしっぽく鴨南蛮と無数のメニューができてきた。アツアツで良し、冷やして良しと季節も選ばず、具材との順応性も高い。

地域色が豊かなうどんは、方言で喋りまくっている人のようなものなのに方言コンプレックスがない。かといって、ラーメンみたいに地域おこしに担ぎだされるケースも稀。自然体だ。

これはもう日本の財産である。みんなで大切にしなきゃいけないはずなのに、どうも軽く扱われがちなのが、うどんの悲しさ。うどんはあまりにも普通の食べ物なのだ。ごはんつぶ残したらお百姓さんに申し訳ないでしょうとは言われても、うどん一本でも残したら承知しないと叱られた記憶はないのである。

だけどナメちゃいけない。山田をきっかけにうどん界を調べたら、本当におもしろいのだ。うどんライターになり全国うどん旅をしたくなったくらいだ。僕は売り込みが苦手なライターなんだが、このときばかりは雑誌編集者諸氏に電話までした。

「旅に出たいのです。うどんライターになりたいのですがどうでしょう?」

「うどん、ですか」

「大変なことが僕の身の回りで起きているのです。山田のことはご存知ですよね」

「は?」

「んもぅ、山田うどんですよ」

「……いま忙しいので」

直接押しかけることだって厭わなかった。山田脳になってるせいか説明が長くなりがちだったが、情熱を示せばわかってもらえると思った。旅費は出してもらいたいが、うどん代は自費でいいとまで言った。なのにどういうわけか、うどん旅に出てくれ、うちで書いてくれと頼んでくれない。僕は、自分のこともさることながら、うどんが軽く見られている現実を知ったのである。

そんなわけでうどん旅に出られず、ここでは都内を食べ歩いたり、知人や本、ネットから得た情報を使い、うどん界を眺めてみることにする。

日本人は三大なんとかが大好きで、当然うどんも選ばれている。しかし、三大なんとかはあちこちで適当に選ばれるものらしく、これで誰も文句ないってものは少ない。滝を例にとると、那智《なち》の滝（和歌山）、華厳《けごん》の滝（栃木）までは順当だが、三番手が袋田《ふくろだ》の滝（茨城）、布引《ぬのびき》の滝（兵庫）と複数ある。それで袋田の滝に行ってみたら横幅は広いものの高さはさほどでなく、水が凍ってつららが連なる冬場はともかく春〜秋は四番手評価が妥当ではないかと……勝手に判定つけるな！

温泉関係も乱れがちで、三大古湯の三番手を白浜といわき湯本が競う格好。さらに三大夜桜ともなると、言ったもん勝ちですかとあきれるほどの乱立ぶりだ。

うどんだった。三大うどんも例にもれず、五島（長崎）、さぬき（香川）、稲庭《いなにわ》（秋田）、

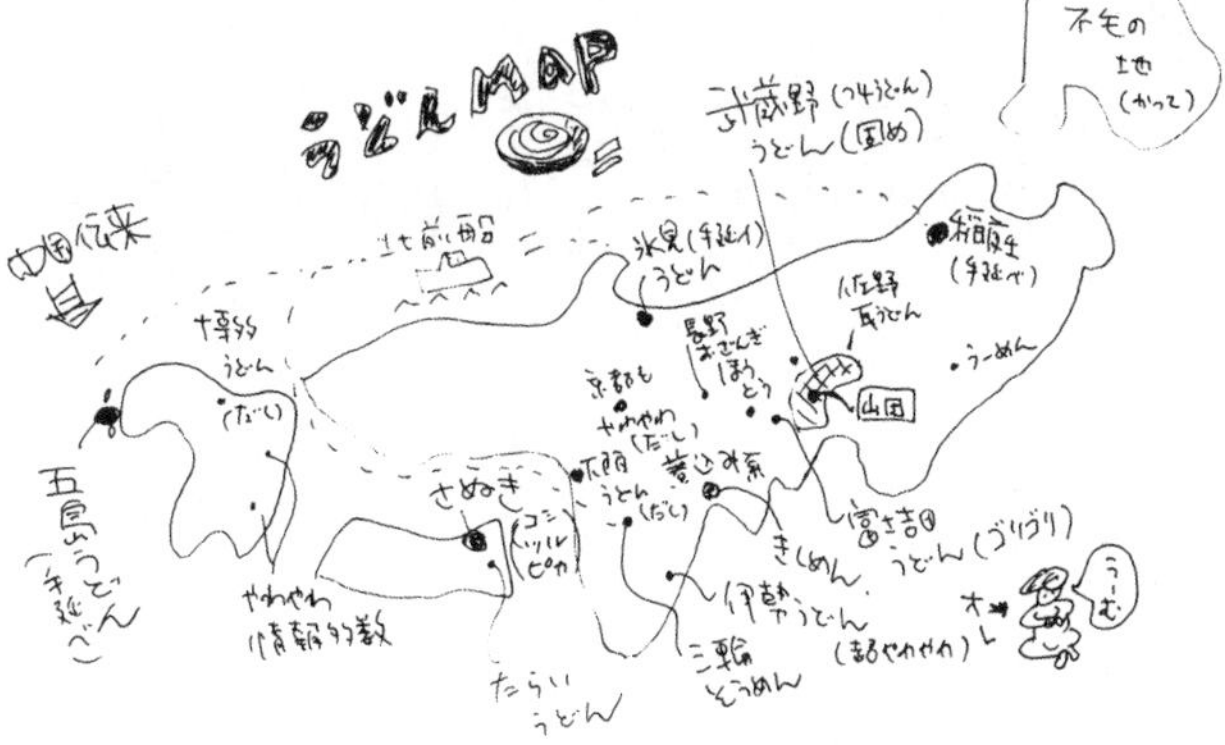

イラスト●北尾トロ

氷見《ひみ》（富山）の四つ巴。水沢うどん（群馬）を推す声も根強い。ここでも生麺を代表するさぬきと乾麺を代表する稲庭のツートップは確定として、三番手評価がむずかしくなっている。なぜなら評価基準があいまいだからだ。うどん界としても三大を確定させて選ばれなかった地域がやさぐれたら困るしねぇ。

　しかも、うどんを広く捉えると素麺もその仲間に入るのであり、素麺部からも古豪の三輪素麺を選ばないのは公平性を欠くと、うどん界の重鎮が怒るかもしれない。三大選びはあいまいなほうが都合がよく、こんなものはあまりアテにしてはならん。

　となるとやっぱり、独自のうどん日本

地図を考えていくのが良さそうだ。

うどん界の歴史を振り返ってみると、ルーツは中国と言われている。遣唐使の時代に中国から手延べ麺（乾麺）として伝わった説があり、その場所は五島列島。五島うどんの原型である。

とはいえさぬきも弘法大師持ち帰り説を唱えているので正確なところはわからない。福岡には五島にうどんを持って帰還した円爾《えんに》が開いた寺の境内に石碑があって、〝饂《う》飩蕎麦《どんそば》発祥之地〟と彫られていたりもしてややこしい。でもまぁ、普通に考えたら地理的に近い九州説をとりたくはなる。

それよりここで強調しておきたいのは、さぬきを除く西日本でうどんと言えば、やわやわの麺であることだ。九州育ちの僕など、うどんはダシの旨味が染み込んだ柔らかいものという認識で育った。さぬきうどんを食べたのは大学入学の頃で、寮の先輩が帰省先の香川から生麺を買ってきて食べさせてくれたのが最初。うまいと思ったが、変わったうどんだとも思った。

そうなのだ。さぬきうどんは変わっているのである。さぬきが西日本で開発されたことを思えば、かなり斬新な麺であり食べ方。うどん界の異端児と言ってもいい。隣の徳島県までいけば、もうやわやわの麺になり、愛媛県は鍋焼きうどんが松山のご当地グルメとなっていて、これもやわやわ。鍋焼きの老舗店ではアルミ鍋に入ったまま食べるローカルルールが定着している。

そのさぬきが一九八〇年代頃から評価を高め、一時期外国産小麦を大量に使ったこともあって味の低下が叫ばれたものの、ここへきて巻き返し、日本中で食べられているのはすごいことだ。でも、歴史を俯瞰すれば、これまでどのうどんも天下統一の野望を抱いたことがなく、地域密着、共存共栄でやってきた。うどんは地域産小麦で作られ、地域の好みに合わせることで普通の味を保ってきたのである。

そばが大衆路線からこだわりオヤジの入魂手打ちで価格をつり上げ、ラーメンがそれに追随して黒Tシャツに鉢巻で湯切りシャッシャッシャの安っぽいパフォーマンスで人気を博しても、動ずることなく低価格で普段着感覚の路線を崩さなかった。

わしらは地味でいい。値段も安くていい。間違っても〝道〟が似合う方向へは行くな。これがうどんを愛するうどん人としての矜持なのである。

その均衡を突き崩してまで、目立とう、稼ごう、地域の広告塔にしようと下品な動きに出た犯人は行政だ。

うどん県だと？　郵便がうどん県宛に届くようにするだと？

おいおい、いつからそんなにエラくなったのかね、さぬきうどんは。僕はいまの風潮を、心あるさぬきファンは苦々しく眺めていると思う。スーパーで売られているさぬきの味をさぬきと思われたらたまったもんじゃないよと。コシがあるというのは硬いと同義語じゃないよと。

九州には博多うどんや宮崎うどんなど、やわやわ系がひしめいている。同じ四国では徳島のたらいうどんが隙をうかがう。きつねうどんを開発した大阪うどんはもっちりした触感で迎え撃ち、後方にはさらにもっちりを極めた京都勢が控える。精進汁から発生した湯漬けうどんなど、いかにも古都の風情だ。強国として知られる三河には、伝統の八丁味噌と融合した味噌煮込みうどんがニラミを効かせるばかりか、きしめんだって黙っちゃいない。本当にここはオリジナリティが高くて、うどん界での孤高のポジションを保っている。きしめんは、どうしてあんなに平べったくしたかなあ。

そこから南下した三重県には、二四時間以上も麺を煮込んで作り上げる究極のやわやわ系・伊勢うどんが、さぬきのコシをあざ笑うかのごとく待っている。北陸に眼を向ければ富山の氷見うどん。ならば信州抜けと思っても、甲州には武田の流れを汲む平打ちのほうとうがいたりして、山国のローカル性を維持しているのだ。

そこを突破しても息つく間がない。もはや硬いと表現するしかないような富士吉田うどんが牙城を守っているのだ。その硬さはアゴが疲れるほど。松山の鍋焼きうどんについて教えてくれた友人は富士吉田の出身で、奥さんが松山の人。四国に行くと鍋焼きを食べさせられ、どうにも納得がいかなかったそうだ。

「富士吉田では硬くなければできそこない扱いですからね。うどんツウは、それをほとんど噛まずに呑み込みます。あっち（鍋焼き）はツユも甘いので、最初は失敗作を客に出していると思いましたよ」

勢力は小さいが、野蛮さでは全国屈指の存在だろう。

ようやく関東にたどりついても強敵はいる。山田も一応所属している硬くて素朴な武蔵野うどん勢力だ。多摩、埼玉、群馬まで、つけうどん愛好家は分布している。この地方では米が思うように穫れなかったおかげで糧を入れたつけダレで食す個性的なうどん文化が発達したのだ。ツルピカでこそないが、さぬきのコシを取り入れて時代に合わせた変化を試みる一群もいる。抜群の水質を活かし、関東では珍しくツルピカ要素を備えている水沢うどんが群馬県に存在するのも懐の深さを感じさせる。

まさに難敵。短期的にさぬきの軍門に下ったとしても、将来的にはさぬきの長所を丸呑みにして蘇るだけの潜在力を持っている。このあたり一帯のうどんへの分厚い信頼感は、冠婚葬祭などハレの場において、うどんを食す習わしがあるほどなのだ。栃木も影響を受け、佐野の耳うどんは正月料理としてよく知られている。

北に目を移せば、白石うーめんはうどん度が低い相手だからいいとして、秋田県の誇る稲庭うどんを忘れてはならない。江戸時代に高級な手延べ麺として開発され、殿様への献上品にされた名門中の名門である。その分、庶民の味ではなく、秋田の一般人が稲庭うどんを食するようになったのは近年だが、うどん界の高級ブランドとしての地位は揺るぎない。贈答用に使われるうどんは稲庭がトップではないか。

うどん地図を眺めて気づくのは、手延べ勢力の分散である。五島、氷見、稲庭はそれぞれ独自に製法を編み出したのか。そんなことはないだろうと思う。

手延べの技法を芸術的な域まで高めたのは、うどん界所属素麺部のリーダーである三輪素麺だと思われる。産地は奈良の三輪地方。素麺発祥の地とも言われている。素麺というと夏の盛り、食欲のないときにサッと茹でて簡単に食べるものだと思われがちだが、三輪の食堂で素麺を頼むと具材てんこもりで出てくるそうだ。素麺は地味な食べ物ではなく華やかで美しい食べ物なのである。

伝説によると歴史は太古の昔にさかのぼり、うどん伝来より古い。つまり、素麺こそ最古の和製うどん（という言い方はヘンだが）と考えられるのだ。素麺にコシは不要。奈良は神宮のある伊勢に近いことを考えると、伊勢うどんにコシがないのも納得できるではないか。

でまあ、素麺は人気があったと思うのだ。そして三輪素麺の細さ、繊細さは群を抜いていた。明らかに高級品だった。想像するに、江戸時代、北前船に運ばれて全国各地へ運ばれていったのではないだろうか。

北前船は春先に大阪を出ると、瀬戸内海を抜け、各地で貿易の商売をしながら日本海を北上する。三輪素麺も一緒に各地で売られ、金持ちの口に入る。うまい、なんという味わいだ。我が藩でもこのようなものが作れまいか……。うどん業者も食べてみて鮮やかな手延べ技術に驚愕、研究に熱が入った。そういうことは十分考えられると思う。『稲庭うどん物語』（無明舎出版編）を読むと、稲庭の正統を継ぐ七代佐藤養助氏が、若狭（福井県）あたりから製法が伝わったのではないかと推測している。若狭産の石臼《いしうす》を代々使ってきているからだ。

手延べ麺のメリットは保存性の高さにもあるけれど、味の追求、高級さの表現でもあったのでは。だって、作るの大変だもの。普通のうどんは僕にだって打てるけれど、手延べは職人でないと無理な世界だ。だとすると、機械が普及して一般化するまでの期間、手延べうどんは通常のうどんよりハイソな食べ物だったことになり、頂点に君臨するのが稲庭うどんなのか。

貧しい農村の食卓から殿様の御膳まで制する力がうどんにはある。でも軸足はあくまで庶民の側で、しかも王座は米に譲り、自分は脇役に甘んじる。うーむ、どうよこの懐の深さ、抑えに抑えた生き様は。

このような地域性の上に、さらに安価で手軽なものとして、全国各地の地方豪族（ローカルうどんチェーン）は存在しているのだ。こだわりポイントは地元密着。安易に天下を目指せば変化を余儀なくされ、どこの誰だかわからないうどんになってしまうことを彼らはわかっているのかもしれない。

山田もそのひとつである。山田のドアを開けるとき、なんだか懐かしいような気分に襲われるのは錯覚ではない。食べ終えて店を出るとき、頰を撫でるのは武蔵国の風。ポケットを探って鍵を出し、ブルンとエンジンかけて駐車場を後にする。で、帰って妻とこんな会話をする。

「食事は？」

「うどん食ってきた」

「どこのうどん?」

「山田」

「ふ～ん」

「いつもの味だった」

「だろうね、あ、お風呂わいてるよ」

山田ロードサイド論

えのきどいちろう

山田うどんにはいくつかの検討すべき側面がある。例えば「山田うどんの青春性」。とにかく安くおなかいっぱいにしてあげるのが、かかしの使命だといわんばかりのセットメニューのラインナップ。あれは六〇年代、トラッドで若者ファッションの潮流をつくったＶＡＮの「フォー・ザ・ヤング・アンド・ザ・ヤング・アット・ハート」に通じるものがある。腹ペコの若者か、腹ペコの若者のハート（胃袋？）を持った人のために山田うどんは頑張っている。公式ＨＰにカロリー表が掲載されていたのだが、これは掲載するのが逆効果じゃないかと思うくらいのものだった。だけど数値を掲載しようという姿勢がマジメで好感が持てた。

で、僕はここで「山田ロードサイド論」を考えてみたいのだ。別掲の「埼玉性」の考察と重なる部分があろうし、そもそも話がまどろっこしい。よっぽど根気のある読者しかついて来てくれないんじゃないかと不安だ。だけどね、これ、僕が思うに山田うどんの本質にかかわってるんですよね。山田うどんは現在は完全にロードサイド展開でしょう。七〇年代はロードサイド&駅前店の両面展開だった。富士そば的な駅前店は次々に姿を消し、まぁ、今は南浦和店（現在は閉店）のような例外はあるけれど、大体は「駅から一五分二〇分くらいの街道沿い」ってイメージだ。僕は山田うどんの主戦場、かつホームグラウンドはロードサイドだと思っている。で、そこにはね、山田うどんがもたらした革命があると思っている。ちょっと脇道から入る長い話になるけれど、よかったらおつき合いください。

僕は以前、『NAVI』（二玄社）という自動車文化誌で長く連載を持たせてもらっていた。といって徳大寺《とくだいじ》有恒《ありつね》さんをはじめとする名だたる執筆陣のなかでは、門外漢もいいところだった。まぁ、やっぱりクルマ道楽の世界はある程度、お金持ちの世界ですよね。フツーのサラリーマン家庭に育った僕には、イギリス車をレストアして楽しむみたいな世界が生活実感としてピンと来ない。

まぁ、それでも編集者から安くシトロエン2CVを譲ってもらったりしながら、『NAVI』の仕事は大いに楽しんだ。で、この雑誌の面白いところは欧米のモータリゼーションを範としながら、実に多角的な視点で日本のそれを考えてみる姿勢にあった。まぁ、二〇代で執筆陣の末席に加えてもらった僕としたら、雑誌全体がちょっと学校みたいなところがありましたね。

で、その頃、『NAVI』の特集記事を通して学んだことのひとつに「アメリカのロードサイドの光景」というのがある。アメリカのフリーウェイを、だいぶ後（三〇代半ば）になって僕もレンタカーで走ってみるんだけど、あれはね、走ってて「あれ、さっきこの街通んなかったっけか？」と何百回もデジャブに襲われるような不思議な体験なんですよ。どの街も同じに見える。デニーズがあってマクドナルドがあって、以上。その看板を何百回も通り過ぎるんだね。それがフリーウェイを移動するということ。

『NAVI』の特集記事にこんなことを書いてあったのが思い出される。二〇世紀、モータリゼーションが変えたのはロードサイドの光景だ。看板はアイキャッチとして巨大化され、派手なイメージカラーが施された。電気で煌々と輝くようになった。スピードが二〇世紀のロードサイドを変える。歩いてる人に見てもらうだけなら看板は小さくていい。文字が小さくても立ち止まって読んでもらえる。クルマに乗ってる人の目につくためには巨大化し、色で内容を連想させ、夜は光っていなくてはならない。モータリゼーションの発達以前には、そんな巨大な広告板も店の看板も必要がなかった。

Edward Hopper「Gas」(1940)

いや、これ大意ですけどね。そういう記事を読んだという話。僕がそれで連想するのは唐突だけど、アメリカのモダンアートの画家、エドワード・ホッパーなんですよ。アメリカの荒涼としたロードサイドの孤独。ガソリンスタンドの看板が煌々と輝いていたり、ダイナーに寂しげな人が座っていたり。最初、見たときは何が言いたいんだろうなぁと考えた。何を描いているのか。で、ちょっと時間をおいて思ったのは、そういう光景の「発見」なんだろうなということ。絵に描く題材として、二〇世紀的なアメリカの荒涼が「発見」された。たぶんホッパー以前の絵っていうのはそういうものは描かなかったと思うのだ。自然とかヨーロッパの街並みとか、わからないが絵画ってそういうイメージだ。だけど、ここにも(二〇世紀的な)孤独や実存があって、それは圧倒的にリアルなんですよ、と知らない人ながらホッパーさんは語っている気がした。

それならば僕にもわかる。僕もアメリカではないけれど、そういう光景のなかで育った覚えがある。あの感じは何と言えばいいのだろう。リアルなのだ。若者だった頃、僕はその光景に少しいらだっていたと思う。郊外ロードサイドの量販店の看板。ありえないくらいでっかく「靴」と書いてある看板。強い色の発光看板。オレンジを見たら僕は牛丼を連想する。ガソリンスタンドはいつも光のなかにある。そのなかにいると自分はものすごく匿名的だ。他に行くところがない。

で、ここまでガマン強く読んでくれた読者は、僕が山田うどんのかかし看板にもエドワード・ホッパーを見出してることにお気づきだろう。僕は山田うどんは本邦初、和のアイテムだけ使ってダイナーを実現したのだと思っている。実はマクドナルドやデニーズより先に、ロードサイドに二〇世紀アメリカニズムを持ち込んだのは山田うどんなのだ。だって、山田裕通会長が七〇年代、アメリカ視察に出かけて「いくらかかってもいいから、あのケンタッキーの回転看板を日本に持って来い」とトップダウンで命じ、回転するかかし看板1号が所沢本店脇に建ったのだから。そのコストは採算を度外視したものだった。まだ回転看板を手がける国内業者はもちろん、海外メーカーの代理店も存在しなかった。アメリカでダイナーを実見した会長は店舗デザインにも工夫を重ねる。七〇年代、モータリゼーションの発達を意識したアイキャッチ看板、駐車場とセットになった店舗を構想したのは大変な先見性だ。

僕は山田うどんが実現したダイナーは、広島カープの本拠・マツダスタジアムに似ていると思う。ハードの面を見ると左右非対称のスタンド風景や天然芝は大リーグそっくり。だけどソフトは例えば大型ビジョンにお好み焼の映像が映ったり、ドメスティックに徹している。もっと言えばカープ球団の猛練習の伝統が日本野球そのもの。和のアイテムで実現したベースボールと言えないか。アメリカのダイナーは「地元に残ったかつての不良少女風の、ちょっとセクシー入った女性が卵やベーコンを焼いてくれる」的に映画やドラマで描かれるけれど、和のダイナーは「おばちゃんがうどん出してくれる」のだ。おばちゃん呼ばわりは失礼かな、一〇代の僕にはそう見えていた。今は年下だもんなぁ。

年若い読者は僕が運転免許を取ったばかりの七〇年代後半、ロードサイドがどんな風だったかイメージしにくいだろう。今よりもファミレスがずっと少ない。こう、何というかドライブインみたいな食堂が主流だったんじゃないか。ファミレスは僕の大学時代（つまり、八〇年前後）に雨後のタケノコのように増えた。もう、何かクルマで大学へ行く度に「スエヒロ5」とか「ペキニーズ」とか、今はもう姿を消してしまったチェーン店を新たに発見する感じだった。日本初のファミレスは「すかいらーく」であるとされる。「すかいらーく」は二〇〇九年、最後の営業店舗を閉じて、今は「ガスト」中心の展開である。だから、あれは「すかいらーく」の企業資料を高校時代、読んだことがあるんですよ。僕はね、「すかいらーく」が日本初のロードサイド展開を他に先がけて始めた頃だったんだと思う。うちの父は証券会社の営業マンだった。「すかいらーく」の資料はお得意さんに株を買ってもらうために持ってたんじゃないかな。日曜日の昼下がり、家に持ち帰った「すかいらーく」資料を父が僕に見せた。「一朗、これからは郊外型のレストランが流行るんだ。もう、ボンボンそこらじゅうに建つよ。レストランっていうと今までは街中のイメージだろう。これからは郊外なんだ」

そんなことを言ってた気がする。資料を見ると、今の言葉でいうフローチャートが書かれ、店舗イメージのイラストもあって斬新な感覚だった。キーワードは「サバーブレストラン」。郊外をはっきり打ち出している。僕の記憶では最初期、ファミレスは「サバーブレストラン」を自称していた。JRが「E電」を自称していたのに似ている。「サバーブレストラン」（サバレスかな？）はぜんぜん定着せず、「ファミリーレストラン」という呼び方が一般化していく。僕は高校の卒業休みに免許を取って、中古のブルーバードUを手に入れてから、大学時代、実際に「すかいらーく」や「デニーズ」や「スエヒロ5」「ペキニーズ」が増殖していくのを目のあたりにする。父が見せてくれた資料が本当になった感じがした。

で、これはつまり、山田うどんが「ロードサイド同級生（一期生？）」たちとの競争に勝ち残っていくストーリーでもあるのだ。だって、「すかいらーく」ですら今は姿を消している。「スエヒロ5」なんて大手のほうだったんだよ。もっと有象無象がいっぱいいた。つまり、郊外ロードサイドは外食戦争だったんだ。今、うどんだけを軸にして見ると山田うどんは「丸亀製麺」に攻め込まれてる感じがするけど、実際はこれまで多くのライバルたちとしのぎを削ってきた。やっぱり七〇年代後半、急増した勢力をいうと牛丼の吉野家があったな。吉野家は基本、駐車場を持たない店舗形態で、カップル、家族層は狙わない方向性だったけど、ファミレスのロードサイド展開に交差する部分があった。八〇年代の初めぐらいまでは、どこがメジャーでどこがマイナーかこっちもはかりかねる状況だった。だから量的拡大が大戦略だったのじゃないだろうか。まぁ、いっぱいあるとこがメジャーなんだよ。横一線、どこが抜け出してどこが消えてくのかまだわからない。

もちろん僕はその郊外ロードサイドの外食戦争にどんな桶狭間《おけはざま》や小牧《こまき》・長久手《ながくて》や関ヶ原があったのか、詳細を知らない。知らないけど感じてはいた。おそらく山田うどんはカテゴリー的にファミレスのくくりには入らないことになっていて、それがために「日本初のファミリーレストラン」の栄誉を「すかいらーく」に奪われているのだが、スタート時期は山田のほうがちょっと早い。ただ山田がロードサイド外食戦争を生き残ったポイントに「ファミレスのくくりに入らなかった」(現在の店舗形態を見るとビミョーにファミレス化してる店もあるけれど)は確実にあるだろう。ケンカするところをずらした、というか変えた。ストロングポイントをしぼった。

しかし、「すかいらーく」と山田うどんは比較検討してみる価値がある。「すかいらーく」は保谷町(現在の西東京市)のひばりが丘団地のスーパーから出発している。地元で愛されたスーパーは、やがて大型店の進出によって経営の危機に瀕する。その時期、業態転換のヒントを得るべく、アメリカ視察に赴いた経営者の横川四兄弟は郊外型レストランの隆盛に目を奪われたらしい。マイカーに乗ってくるファミリー客。日本も必ずモータリゼーションの発達にともない、この新しい客層が爆発的に増えるだろう。今現在、ファミレスが林立する状況のなかにいるとなかなか想像しにくいことだが、何にでも初めがあるのだ。僕は保谷と所沢という出発地・家郷も、ファミリービジネスであった点も、アメリカ視察に着想を得ている点も、ものすごく山田うどんに近いと思う。ちなみに「すかいらーく」（当初はスカイラーク）はひばりが丘団地からとった出自を忘れないネーミング。

「すかいらーく」と山田うどんの方向性は現在ではすっかり違って見える。これは何だろうか。「すかいらーく」は「ガスト」へ大転換した際にひばりが丘団地の記憶を振り切った。少なくとも店名上はそうなる。印象が合理的、戦略的なのだ。それは日本で最初にPOSシステムを導入したというエピソードでも裏づけられる。では、僕らの山田うどんは？　同じ時期に同じアメリカを見て、同じ直感に生きた「ロードサイド同級生」はどうしてこんなにイメージが違う？

僕は出自にこだわり続けたからだと思う。うどんを捨てなかった。家郷を守り抜いた。人間的であったのだ。逆の言い方をすると戦略的企業ではなかった。その違いから「すかいらーく」は「ガスト」にシフトし、徹底したコスト管理のメジャー展開をする。その違いから山田うどんは限りなく七〇年代的なドライブインの雰囲気を残しつつ、ローカル展開する。

そして、もちろん面白いのは圧倒的に山田うどんなのだ。形態が過渡期の匂いを残している。そして回転看板はアメリカで見た感動をそのまま伝えている。進化したのはメニューが複雑化して、ラーメンや餃子を出すようになったことぐらいだ。依然としてうどん屋。大した変更がない。「すかいらーく」「ガスト」が洗練し、デオドラントして捨ててしまったものがそっくり残されている。

これは僕の個人的なジャッジになるけど、現在、「ガスト」の看板と山田うどんのかかしとどっちがエドワード・ホッパーとしていいセン行ってるかというと、断然、山田うどんなのだ。まぁ、「ガスト」駐車場には大型トラックが停まっていないのも情景として弱い。ひとりの孤独な男が山田うどんの回転看板の下で泣いているとしよう。廻ってくれ、俺の頭上で。男が何を失い、かかしに何を託しているのかわからないが、おなかも減っているのだろう。おなかが減っているのに何か食べるより先に泣けてきたのだろう。感動的なシーンだ。僕は詩のように美しいと感じる。これが「ガスト」看板の下だったらみじめなだけだ。あまりにもむき出しにみじめだ。店へ入ったほうがいい。

何の話をしているのかわからなくなった。わからないが泣けてきた。だが、気を強く持って話を続けることにする。山田うどんがロードサイドにもたらした革命について語らなければ。

僕は盟友・北尾トロと山田うどんはどういう感じで店舗を増やしていったのだろうと空想をめぐらせてきたのだった。トロさんは地方豪族や戦国武将に山田をなぞらえて、「領地を増やす」イメージを語った。本拠地の所沢なり埼玉県から他県へ出張っていくときは「出城を置く」感覚だ。まぁ、僕もそのイメージは面白いと思って、さっきも外食戦争の桶狭間なんて比喩を使った。豪族・武将のアナロジーでなければ、囲碁だなぁ。神奈川の大井松田付近にひとつ石を打つ、とか。「この石が効いてる」なんて、全店舗マップを見ながら山田首脳陣が大きくうなずいてる図を想像した。だから、トロさんも僕もマーケティングをもとに店舗展開がはかられてるとはあんまり思わなかった。

で、山田裕朗社長にインタビューして（本書のもとになった単行本に収録。現在は品切れ）、それが裏づけられてしまったのだ。驚いたことに（というか、僕らにしてみたらやっぱり！）、山田うどんは一切、市場調査や交通量調査の類いを実施することなく、経験とカンで新店舗を決めてきたそうだ。社内で「開発」と呼ばれるヘッドクォーターが現地を視察して、「うん、ここはいい」「ここはダメだな」とジャッジを下す。山田裕朗社長はさすがにこれからは「フツーの会社にしていきたい」と語るけれど、少なくともこれまで関東一円のチェーン店はそのやり方で増殖してきたのだ。

僕は偶然の神がもたらしたものの大きさを思う。先代社長・山田裕通会長が麦畑ばかりの所沢で家業のうどん屋を継ぐ。武蔵野の地質は米作りに適していなかった。それを大きくしていく過程でアメリカへ飛び出し、現地で見聞を広める。モータリゼーションの爆発が予見された。そして、感動とともに見上げた巨大な回転看板がどうしても欲しくなる。金に糸目をつけず、無理やり輸入した回転看板はまず、所沢本店の上空でゆっくり廻りだす。

それは日本のロードサイドにエドワード・ホッパーが持ち込まれた最初の瞬間だったのではないか。僕は異形のもののように突然、所沢で輝き、廻りだした山田のかかしにしびれる。UFOなのか。UFOじゃないよ、山田だよ。こわくないんだよ、うどんだよ。山田うどんだよ。

それから日本にもモータリゼーションの発達が起きて、山田うどんも量的拡大の時代に入る。それまで観光地のドライブインしかなかったロードサイドに外食の嵐が吹く。農家が転業するケースが多かったと思う。あるいは田畑を売るケース。そこで起きたのはどんな革命かというと「近郊」「郊外」の発明だ。それまでたぶん日本に「郊外」はなかった。言ってしまえば単に田舎があった。関東・首都圏は大きく二分されていたのだと思う。街と田舎。繁華街と田畑。

で、山田うどんのヘッドクォーターが何をしていったかというと、経験とカン。まぁ、最初は経験も何もなかったからカンだねぇ、田畑を売りたいという噂を聞くと出かけて行って、「うん、ここはいい」「ここはダメだな」。その基準は言葉にするとこうなるだろう。ここは「郊外」になるところか、ずっと田舎か。

山田うどんは「近郊」「郊外」をクリエイトしていく。「近郊」「郊外」は時代によって変遷していくから、エリアは次第に広がった。いやまぁ、ひとり山田うどんだけでなく外食産業「ロードサイド同級生」たちも躍進していく。そうやって街や繁華街にはないカルチャーが生まれた。街や繁華街にない孤独や実存が生まれた。今や最もありふれていて、匿名的で、リアルな「郊外」というものが形成されていく。

東京のメディア関係者に山田うどんの話をすると、埼玉出身者じゃない場合の反応は決まっている。「うちの近所には山田うどんないんですよね」。それは都心に住んでいますよというサインでもある。

都心に住んでいる人には「近郊」「郊外」が見えない。見えない円環が東京をとり囲んでいる。山田うどんはその見えない円環にかかしを建ててまわっているのだ。早口言葉じゃないが、かかしで可視化する行為だ。今、どの辺りが「郊外」か、かかしが教えてくれるのだと思う。ロードサイドのかかしはそんな意味を持っている。

地方豪族としての山田

北尾トロ

僕は山田を戦国時代の地方豪族にたとえることが多い。えのきどいちろうとの会話で山田のことを思い出した夜から、「山田はたとえるなら北条《ほうじょう》である」などと決めつけていた気がする。

人気が出ると拡大路線を突っ走り、全国各地に店舗を広げてナショナルブランド化を図ろうとするチェーン店は多い。それはすごいこと、チェーン店として正しいことかもしれない。店舗数も売り上げも、多ければ多いほどエラいと見なす風潮もある。が、山田はかなりの実力を秘めているのに、あえて関東から出ようとせず、二三区内からもほとんど（二〇二二年現在、店舗ゼロになっている）姿を消し、自らの領土を守ることに専念しつつ立ち位置をキープ。僕たちは「山田健在なり」と驚き、言葉にならないような安心感を抱いたが、まぎれもなくそれは、青春時代の一時期をそのぬくもりのなかで過ごした者の感慨だった。まだ何者でもなく、どこへ転がっていくかさえ見当がつかなかった、〝あの頃〟が真空パックされている。おふくろの味でもない。通い詰めた駄菓子屋や、学生時代世話になった定食屋とも異なる、多摩や埼玉のアイコンなのだ。

全国いたるところに出店し、誰もが存在を知るメジャー志向の外食産業は、成功して規模が大きくなってくると〝天下取り〟を目指す。それが地方にあるものなら、中央進出がまずは目標となる。東京を制するものは日本を制する、という発想だ。

近年、うどんにもそれはある。躍進目覚ましいはなまるうどんや丸亀製麺のさぬき勢。彼らはあきらかに天下統一に乗り出してる。はなまるは東京に定着した感があるし、郊外型の丸亀はいまや海外へも大進出している。では、はなまるの本拠はどこで、丸亀製麺は丸亀とどんな関わりがあるのかと問えば、よくわからなかったり、本場である香川の人が「あれでさぬきうどん全体を語られるのはちょっとなあ」と言ったりする。でも、それは仕方ない。大切なのは〝さぬき〟というブランドだ。極端な話、北海道の企業が、さぬきで全国制覇を目指したっていい。大メジャーになってしまえば、誰もどこの企業だっけ、なんて言わなくなる。

うーん、それでいいのか？　うどんって天下統一を狙うべき食べ物なのか？　ラーメンは歴史も浅く、天下取りを目指す各地の武将が激しくぶつかりあうことで外食産業における地位を上げてきた面がある。もともとラーメンはラーメンにすぎなかったんだけど、七〇年代にサッポロラーメンがブームになって、ご当地ものジャンルを確立。九州ラーメンなんてザックリした呼び方だったものが博多、久留米、熊本と細分化され、地域名を背負ってつばぜり合いするようになった。インスタントラーメンやカップラーメンが日本人の食生活を変えたという流れもある。しかも、ラーメンは地域名だけじゃなくて武将ごとに麺もスープも微妙に違うから奥が深いんだ。うどんもやがてそうなっていくのだろうか。うどんにそれが似合うのか……。

その点は別項に譲り、いまは地方豪族の話だ。

僕が持ち出した北条氏は鎌倉幕府の創立にも関わった北条氏ではなく、戦国時代に五代続いて秀吉に滅ぼされた後北条氏。初代早雲は今川家から駿河国富士郡《するがのくにふじぐん》に所領を与えられたのを足場に伊豆を平定。小田原、岡崎に勢力を伸ばし、駿河・相模の国を手に入れた。しかし早雲亡き後、野望はあったかもしれないけれど、武蔵国から北関東に勢力を広げるにとどまった。最後は秀吉に攻められて降伏するんだけど、それ以前から天下取りは考えていなかったように思える。なんせ上杉氏をはじめ関東に敵が多く、三河や尾張の強敵とぶつかっていたら、その隙に攻め込まれかねない。信州には武田氏もいて油断ならぬ。やってられんぞこれは、とかね。もちろん本当のところはわからないんだけれど、僕は戦国時代の武将がみんな天下取りを夢見ていたとは思えないのだ。それよりも領地を守り、領民の生活を維持して、うまくやっていく路線だってあったはずだ。地方豪族であることを良しとし、地方豪族として生きる路線である。

天下を目指すのもいいだろうが、オレは地元密着で行くよ。地元あってのオレなんだし、地元が好きだし。それに考えてもみろ。この場を離れて、この国の小麦や水を使わずして、うまいうどんが作れると思うか？　奥多摩や秩父の山から吹きおろす風、夏のかんかん照りと冬の寒さ。なあ、オレはずっと所沢で育ってきたんだ。他の土地は知らねぇ。この城をがっちり守り、手の届く範囲で商売していく。それでいいんでないかい……強引に山田に戻ったかと思えば誰に語りかけてるんだよ！

でも、これは山田だけの話じゃないのだ。

地方豪族の原点は一軒の店である。繁盛して支店を出したり、フランチャイズ加盟店を作り、一定の勢力を形成すると、地域で一目置かれる存在となり名が広まる。定着までにはどれくらいの時間が必要だろう。五年か、一〇年か、一定の熟成期間があって、地元のソウルフードへと成長する。こういうローカルチェーンが、じつは全国各地に点在しているはずなのだ。それは餃子チェーンだったり焼きそばチェーンだったりお好み焼きチェーンだったりもするだろうが、うどん中心に話を進めることを許して欲しい。

僕がそうだったように、一〇代までの行動範囲は狭い。地元がすべてと言っていいなか、地方豪族の店は日常的な風景になっている。あのマークの店、あのシンボルカラーの店、あのCMの店。マクドナルドを〝マック〟と呼ぶのと同じ感覚で、山田を〝山う〟とか〝だうどん〟と呼んでしまう。ところが地元を離れると〝マック〟はあっても〝山う〟はなくなる。視界から消える。そのおかげで、再会したときにはうれしい。その店に入ることは地元に戻ることだからだ。

地方豪族には東京にさりげなく出店しているところもある。パイロットショップとしてなのか、中央進出の足がかりのつもりなのか、それはわからないが、そういう店にはその地方出身者がこらえ切れずに入ってきては、馴染んだ味を懐かしみながら郷里で食べまくった日々を思うのではなかろうか。今度実家に帰ったら、このチェーンのあの店で食べようと誓ったりもするだろう。ただのうどん屋なんだけど、それでは済まない何かを背負った存在なのだと思う。

部活の帰りに小走りになって駆け込むときの倒れそうな空腹感。行くとこなくてまた来ちゃったよの情けない気分。友達とドライブしていてたどりつくいつものあの店。

その味で育った人たちが、小さな物語を持っているんだ。人生を左右するようなことは何もない代わり、その頃でないと得られなかった何かが心の中にしまい込まれている。麺をすればひとつ、ツユを飲めばまたひとつ、どうでもいいようなことが思い出される。味はしょっぱいかもしれないけどやけに甘酸っぱい何か。

そこで思うのは、地方豪族はその点について何も考えていないことである。提供しているのは一杯のうどんであり、安くて腹一杯になったと満足してもらうことなのだ。いつか懐かしんでもらおうなどとはツユほども考えていない。食い逃げされないことが何より肝心だ。

せっせとうどんを茹でて出す。うどんだけでは飽きられるかもしれないから、ご飯メニューも取り入れてみる。あわよくばもう一軒増やせないかな。隣町のうどんチェーンが評判落としてるから、いまがチャンスなんだがな。そんなふうに考えて出店し、そこそこ評判とってまた一軒。商圏の規模と釣り合いの取れたところで、今後の生き方を考える。

ここで、拡大路線と現状維持とに分かれることになるが、拡大路線を選んだとしても一定のエリア内にとどまっていたのが、これまでの姿だと思う。その味が全国どこでも受け入れられるならいいんだけど、豪族としてのし上がれたのは個性的な味が人気を博したからだったりする。で、その個性は基本はアゴ出汁のところを少しアレンジしてオリジナリティ出した、とかで、オレ流を気取ってもどこか方言が入ってる。でも全国規模で打って出るとなったら大量生産を余儀なくされ、ぎこちない標準語で喋るみたいになって、本来の味で勝負できない。うどん職人なら、それはどうなんだと自問自答するはずだ。

客の立場からすると、勢力を拡大しすぎたものには感情移入しづらくなってくる。わかりにくいか。えーと、高校時代に追っかけていたバンドみたいなものだ。地元のライブハウスで地道にキャリアを積み、イベント出演や公会堂クラスの箱が満員になるくらいまでは素直に応援できるんだけど、ドーム公演まで行っちゃうと自分の知ってるバンドではなくなった気がして醒めたりしませんか。あのバンドは変わった、なんて。そうやって地元の基盤が危うくなっても困る。

山田の勢力図は現在、小田原を最西端（現在は閉店）とし、多摩を経て本拠地所沢、そこから埼玉県全域、群馬、栃木、茨城、千葉までをカバーしている（このあたりも北条氏っぽい）。二三区内は蒲田一店舗（二〇二〇年五月二二日閉店）のみで、東京をぐるりと囲む配置になっている。パッとみると、周囲を固めてこれから東京に攻め込みそうな陣形だ。でも、そうじゃないんだよね。山田の店舗の広がり方は、基本的に東京を目指していない。中央進出を図りたいなら絶対に抑えておきたい東海道沿い、甲州街道沿いなどに店が見当たらず、横へ横へと広がっているのだ。所沢を中心としてローカルからローカルへ。

でも、僕には歌舞伎町の山田に通った思い出がある。どうして撤退してしまったのか。一度は天下取りを狙ったが、激戦区の都心であえなく討ち死にして地元に戻り、カニの横ばいに徹するようになったのだろうか。

わからなければ聞いてみよう。僕は会長の山田裕通氏の弟（三男）である勝康《かつやす》顧問に、山田が若武者だった時代の話を伺うことにした。

若き日の山田は暴れん坊だった。山田裕通会長は書が好きで、できれば書家としてやっていきたかったのをこらえ、家業の山田製麺店（昭和二八年設立）を手伝うことになる。ところが会長は芸術家肌であるとともにギャンブラーとしての資質も高く、どうせやるならもっと会社を大きくしようと考え、昭和三九年に借金して県内随一の製麺工場を建設する。勝康顧問によると、「このとき兄は製麺店としてさらに大きくすることを考えていたはず」とのことだ。工場を維持するには大量の注文を取らねばならず、自ら売り歩く。だが、一玉一二円で売らねばならないのに一一円でしか売れない。いきなりのピンチに、唐突な打開策が出てきた。

「やってらんねえ。だったら自分で店を出す」

翌四〇年、山田うどん1号店開店。周囲の店が七〇円だったところ、儲け度外視の三五円で食べさせたものだから大ヒットした。店が流行れば麺の注文が多くなると考えたのだ。翌年、学校給食への麺の提供を開始したのも、薄利であっても麺の生産量を増やしたいがためだった。

ところが思わぬ方向に流れが変わった。広い駐車場を持つ店舗を見た近所の農家から、土地ならあるからワシにもうどん屋やらせてくれと頼まれ、屋号と麺を提供して営業指導。なし崩し的にフランチャイズ展開が始まってしまうのだ。さらにここからがすごい。ロサンジェルスへの視察旅行で知り合った「BENIHANA」オーナーであるロッキー青木氏のもとへ末の弟を預けたかと思えば、先代の跡を継いで社長となった翌年(昭和四八年)に、有楽町にカントリー・ラーメンというラーメン店を開店させるのである。ラーメンが流行りそうだとひらめいたらしい。うどん屋なのに。で、この店が成功した勢いを駆って、末の弟を店長とするラーメン店「TARO」をニューヨークはマンハッタンのど真ん中に開店。東京どころかアメリカでどーんと花火を打ち上げた。アメリカ人もラーメンが好きそうだから一発勝負かけてみっか、てなもんである。一発どころか「TARO」は一四年も続くことになったが。

商売として成功したし注目もされたこの時期、会長とガンガンやり合った勝康顧問は当時を振り返って一言。

「もうめちゃくちゃだよ！　有楽町でもアメリカでも、私は立ち上げを一緒にやってさ、現場はてんてこまい。私や弟がいる店はまだいいけど、一番困ったのはフランチャイズの店。味がバラバラなんだもの」

家族中心でやってきた小さな店が急成長したものだから、あらゆることが追いついていかない。もっともこたえたのは友達に「まずい」と言われたことだった。そんなときは友達を店に引っ張ってきて自分でうどんを作り「どうだ！」と食べさせたそうだ。

「だってそうでしょう。うちのうどん自体はうまいんだ。でも店に調理する腕がないから、うまいものもまずくなる。」

マンハッタンで成功したからには銀座もいただきだ。サッポロラーメンどころじゃないよ、マンハッタン仕込みの「カントリー・ラーメン」だ。それも「TARO」のメニューを逆輸入し、一杯千円の高級ラーメンを売り出した。いまの三〇〇〇円見当か。これは高い。

「売れっこないよね、ははは。くるのは取材ばかり」

意地で五年やったが赤字の連続。店主次第で味の善し悪しに差があったフランチャイズチェーンは二八〇店舗まで増え、七〇年代後半になるとコントロールが利かなくなってくる。綿密な出店計画などどこにもなく、すべてが行き当たりばったり。山口県萩市に出店したこともあったという。

「あっちには工場がないし、麺の味が落ちるのが心配だったけど、まぁいいやと(笑)。うまくいくはずがないよね。それで、このままじゃおかしなことになると考えて、徐々にフランチャイズを減らし、八〇年代から直営店の比率を増やしていくようになるんです。ますます忙しくなったんだけどね」

所沢からスタートし、有楽町、ニューヨーク、銀座、歌舞伎町から池袋まで攻め込んだ。首都圏全域を手中に収める夢も芽生えたかもしれない。結果的に撤退することになったのは、企業として未完成、発展途上だっただけに、時期尚早な面もあっただろう。

僕はこの期間の展開は、会長の「一回勝負させてくれよ」だった気がする。嫌でたまらなかった家業を継ぎ、どうせやるならとパワフルに動いてみた。このパターンだとすぐ失敗して懲りるものだけれど、フランチャイズ化できてしまったり、ラーメンに目をつけたり大当たりの連続。そんなことをしている間に青年期が終わって落ち目の三度笠……にはならなかったのである。

長い冒険の旅が終わると、そこにはラーメンではなくうどんがあった。白衣を着て製麺所で働くのが好きな自分に出会った。

いまこそ地元へ、うどんに戻れ！

再び最新式の製麺工場を作ることにしたのは偶然とは思えない。家賃が高くなってきた都心の店を畳み、フランチャイズ中心から直営店へと舵を切り替える。一九八〇年代前半。かつてと違い、道路は整備され、ファミレスやコンビニが増え、道路沿いにはライバルがひしめき合う。なかでもコンビニが脅威で、七時開店に対抗すべく六時開店に踏み切る。

勝康顧問が開発し、現在に至るまで山田を支える脅威のセットメニュー（ごはん一人前＋うどん一人前がつく）が誕生したのもこの頃。ターゲットを男に絞り込み、うどんを絶対食べてもらうようにして、早い・安い・旨い・腹一杯の四原則を徹底させた。

これは地元だったら、山田が変わってきたと敏感に察知するに決まってる。察知して急に盛り上がるのではなくて、困ったら山田とか、しょうがなくて山田とか、ありきたりな食の選択肢として定着していったんだと思う。ひとことで言えば、地元の人が喜んだ。それと、山田圏を仕事場とするドライバーなどの人たちにとっても、ウェルカム・バック・山田だったろう。

次世代からのプレゼントももたらされた。山田のソフト麺で育った子どもたちが大人になり、店舗を訪れるようになったのだ。給食効果は大きい。売り上げ面でもそうだろうが、オレたちのうどんとして認知された価値は計り知れないものがある。そこまで考えての戦略ならあざといが、そんなこと狙ってないのにそうなってしまうのが山田らしい。

十分にやっていけるのなら、やみくもに外へ出て行くよりも、自分たちの味を流行など関係なく評価してくれる場所が一番だ。

地元を制覇した地方豪族たちが、ある一線で落ち着くのはそういうことかもしれなくて、そのおかげで僕たちはソウルフードを得ることができているとは考えられないだろうか。

ところがここへきて、テリトリーを脅かす動きが出てきた。前出のさぬきうどんチェーンである。山田エリア周辺においても、攻めるさぬき、守る山田のニラみ合いが始まっているのだ。五日市街道の立川に丸亀製麺ができたときは「ついにきたっ！」と思った。いざ武蔵国に攻め入るぞ、というようなものだから、ターゲットは露骨に山田でしょう。いずれは全面的にぶつからねばならぬ相手に対する布石、根城作りの気配を感じたね。で、ここが流行っていて、どうも山田の旗色が悪く見えるのが心配だ。守ろうとするあまり、新メニューに「ぶっかけうどん」を採用しないことを切に願いたい。

僕は負けてもらいたくない。山田だからってことだけじゃなくて、相手はうどんへの愛情があるかどうかも疑わしい、どこからともなくあらわれた巨大チェーンなんだ。地方豪族が突出した力をもつようになったのなら納得もしよう。でも、チェーン系さぬき勢力って、地元で名前を轟かせた豪族出身ではないんだよね。商売のやり方も、しっかりしたリサーチに基づいて出店計画を練るわけで、バックには広告代理店とかが軍師役についてるイメージ。

こういう洗練された相手と正面からぶつかったらどうなる。戦術が違うだけに、ヘタすりゃ、織田信長が1／10の兵力で今川義元を破った桶狭間の戦い・うどん版になるよ。鎧兜に身を固め、幟をたなびかせて「やぁやぁ我こそは武蔵国の山田なり～」なんて名乗りを上げようとしたらパンパンと撃たれかねない。え、鉄砲なの、ズルいよそれ～とか言ったってもう遅い。まあ、いまはお互い様子見だろうが、この先どうなるのか。僕は五日市街道を走るたび、一触即発の気配を感じてハンドルを握りしめてしまう。

山田だけではなく、全国に点在する地方豪族が似たような状況に置かれていることと思う。地方にある馴染みのうどんチェーンのピンチであり、数は力なり、地域性や食文化などどうでもよろしい、勝てばいいのだと高笑いする天下取り軍団の脅威を含んでいるのである。博多のウエスト、北九州のどきどきうどん。他にもたくさんあるだろう。名古屋圏の一大勢力スガキヤでさえ露骨な天下取りには動かなかったのに、情勢が激変している（二〇二二年現在も、地方のうどんチェーンの多くは健在。ファンの胃袋をしっかりと満たしている）。

地方豪族はいまが踏ん張りどころだ、堪えて欲しい。地域を背負って立つ豪族が離散し、巨大チェーン店ばかりになったら我が国伝統のうどん文化はお終いなのだ。「う〜ん、コシが違うぅ」「つるつるシコシコよ」ってか。ふざけるんじゃない。そんなにコシが好きなら一生冷凍うどん食ってろ。やわやわもあればガチガチもあってこそ、うどんじゃないか。

分け入っても分け入っても山田
——「かかし」の源流を求める旅

えのきどいちろう

山田うどんのマークが何故、かかしなのかといえば、それはもう「♪や〜まだのな〜かの一本足のかかし」なんである。所沢の山田製麺店が母体となった山田うどん(正確には山田食品産業)は、つまり、山田さんが社長の会社だ。今はともかく、昔は山田さんっていったら「♪や〜まだのな〜かの」だったろう。もう、皆がすんなりそのメロディに行き着く。本来ならここで山田さん一〇〇〇人のアンケート調査結果を参照いただきたいところだが、僕は「山田さん一般」というものは一〇人が一〇人、小学校時代、「♪や〜まだのな〜かの」と囃《はや》したてられた経験を持つと踏んでいる。つまり下手をすればトラウマだ。悔し泣きした山田さんは数知れない。

考えてもらいたいのは山田うどんの山田さんのいさぎよさ、心意気だ。一歩間違えばトラウマだった地点に立ち、むしろ積極的にかかしをマークに選んだ。「かかしマークの山田」とはユア山田ということだ。あなたの山田。あなたが思ってる通りの山田。あなたがかかしを山田と思うなら、回転看板にしてクルクル廻してみせましょうということだ。

その山田うどんにとって運命の一曲ともいえる童謡『案山子』に関して、大変な情報がもたらされた。さいたま市緑区の見沼氷川《みぬまひかわ》公園に歌碑があるというのだ。作詞者の武笠三《むかささん》がその辺りの出身らしい。『レポ』編集部は色めきたった。山田うどんはどこまで埼玉イズムなのか。あの童謡に歌われた原風景は埼玉なのか。いや、表面的には東北辺りの山あいの里が歌われたのだと思う。しかし、作詞者・武笠三が目を閉じ、思い浮かべる田園風景は埼玉のそれではなかったのか。

で、あるならば山田うどんと童謡『案山子』の間には、「運命以上の運命」が作用している(!)。山田うどんの本拠は創業の地、所沢ではあろうけれど、もしかするとその精神性はさいたま市の見沼に結晶しているのかも知れない。取材班は浦和駅へ急行した。

暑い日だ。浦和駅前に集合した取材班(は隊長・北尾トロと隊員えのきどの二名だが)は軽装で、こう、パチンコにでも行きそうな風体だった。それでも山田うどん研究への情熱は大変なものだ。駅前で早くも興奮が隠せない。今回は店舗をめぐるフィールドワークではなかった。山田の民俗・思想性を探る旅だ。まさか山田のかかしマークの元になった童謡『案山子』が埼玉県由来のものだったとは。

駅前で見当をつけて「東浦和駅行き」のバスに乗り込む。車中、北尾隊長はかかしの歴史性を説いた。

「日本におけるかかしは古事記の久延毘古《くえびこ》までたどれるんだよ。久延毘古という神様は知者であったらしいんだけど、どうも足が不自由という設定だったみたいなんだよね」

「へぇ、久延毘古かぁ。まぁ、だけど農業共同体にとって、かかしは単にカラス除けの存在ではなかったでしょうね。田の神が依りつくイメージですかね」

「山田うどんの『田』の部分だよね。うどんは小麦だけど、根底の部分で埼玉の『田』の神とつながっている可能性がある」

と、バス路線の左側に忽然と山田うどんの回転看板が現れる。

「トロさん、山田ですよ！」

「山田だね、山田だね！」

バスの乗客は山田うどんひとつでこんなに取り乱す大人を見たことがなかったろう。いい感じの典型的な山田うどんだった。スマホのマップを見ると山田うどん大間木《おおまぎ》店であるようだ。

「やっぱり、ちゃんと『案山子』発祥の地はおさえてるんだよ」

「そこまで考えてのことかどうかわからないですけど、面白い符合と言えますね」

バスはテキトーに降りた。マップに氷川神社が記されていたのだ。そうしたら『案山子』歌碑の見沼氷川公園とは相当離れた地点だった。見沼氷川公園は氷川女体《ひかわにょたい》神社（大宮氷川神社と一対で武蔵の国一ノ宮とされる）という別の神社の隣りだったのだ。そこからの距離、約四キロ。北尾隊長の「歩くしかないね」のひと言で炎天下の行軍が始まる。マップを確認するとルートは広大な見沼自然公園に隣接していた。


見沼自然公園の端をたどるイメージで、のんびり散歩が始まる。見沼はその名の示す通り湿地帯だ。今もさいたま市が誇る緑のベルトゾーンとして、豊かな自然環境をたたえている。取材班は住宅地を嫌って、なるべく公園の遊歩道を歩いた。用水路が見える。市民農園が見える。北尾隊長は童謡『案山子』について語り始めた。

「えのきどさん、『案山子』最後まで歌える？」

「いや、最初のとこだけですね。どんな歌詞でしたっけ？」

「それがさ、なかなかですよ。かかしに対して容赦ないツッコミっていうかさ。ま、ユーモラスってことだったんだろうけど」

読者も歌詞の細部はお忘れだろうと思う。それでは武笠三氏による「容赦のないツッコミ」をご鑑賞ください。

案山子（作詞・武笠三）

山田の中の　一本足の案山子
天気のよいのに　蓑笠着けて
朝から晩まで　ただ立ちどおし
歩けないのか　山田の案山子

山田の中の　一本足の案山子
弓矢で威して　力んで居れど
山では烏が　かあかと笑う
耳がないのか　山田の案山子

「これは一歩間違うと『かかしに対する差別表現』ってことにもなりかねませんね。かかし差別って概念が何だかわからないけど」

「ね、かなりきびしいツッコミでしょ。かかしだと思って言いたいことを言ってる感がありますよ」

「いやー、知らなかったというか、忘れてたなぁ。僕は世の中の山田さんって山田さんは、ある年代まで皆、小学校で『案山子』で囃したてられたのじゃないかって仮説なんです。かかしの立場もないけど、山田さんの立場もないですよ」

　そして、北尾隊長に「ユア山田」理論を聞いてもらう。北尾隊長は「そうか、山田うどんこそ山田の中の山田だね」と、語呂はいいけど中身の大してない相槌を打つ。まぁ、「山田の中の」が言いたかっただけだろう。武笠三の作詞術がいかに優れているかだ。フレーズが圧倒的に残る。

　見沼氷川公園は整備された小さな緑地公園だった。広大な見沼自然公園からするとほんの一角、氷川女体神社の小高い社殿に面している。女子高生がブラスバンドの練習をしてる向こう側、おお、マジでかかしだ。かかし像だ。取材班は小走りに像へと急ぐ。これが山田のもうひとつのルーツか。心なしか哀しげな表情に見える。想像よりも洋風だ。『オズの魔法使い』のカカシを連想する。しばらく像に見入って、それから付近を散策した。磐船祭《いわふねまつり》の祭祀《さいし》遺跡に立ち、氷川女体神社や境内にある竜神を祭る小さな社にお参りする。なるほど、この場所は見沼のヘソのような地点なのだ。竜神は水をつかさどる農業神だろう。『案山子』像にふさわしい神聖なポイントだと思う。取材班は竜神↓田の神という、埼玉県の自然豊かな原風景を想う。

「じゃ、山田へ寄りますか？」

唐突に北尾隊長が言った。僕もむしょうに山田うどんへ行きたいと思っていたところだ。当初は何となく南浦和駅前の店舗へ足を伸ばそうと話していた。南浦和店（現在は閉店）は山田のロードサイド展開のなかで、今や珍しくなった駅前店で、今日のようにクルマで来てない日は便利がいい。

が、どうせなら歩いて、スマホのマップでいちばん近い店舗へ行ってみようではないかと話がまとまる。『案山子』像から最寄りの、山田の中の山田うどんへ行ってみたい。

「さっきバスで見かけた大間木店かなぁ」とマップを覗き込むと、案の定だった。『案山子』像から一キロ強。取材班は少々疲れていたが、マップの道案内で無事に大間木店へたどり着く。二人とも冷やしメニューを頼んだ。すんごい旨かった。暑い日なのだった。

食べ終わって、ドッと疲れてるのを自覚して、もう、歩くのはいやだし、バス待つのも面倒くさいなという気になる。クルマを使わない山田取材は大変なのだ。

と、駐車場に一台、タクシーが停まっているのに気づいた。昼下がりの店内はガランとして、僕ら二人のほかはタクシーの運転手さんだけだ。運転手さんはカレーセットを食べておられた。食べ終わるのを見計らって、僕が声をかけてみる。

「あの、よかったらですけど、最寄りの東浦和駅まで乗っけてくれませんか?」

運転手さんは大歓迎ということだった。食事休憩をして、ちょうど東浦和駅へ戻るところだと言う。僕は山田うどんの思いも寄らぬ利点に気がついたのだ。プロドライバー御用達の店だから、待っていれば必ずいつかクルマがやって来る。店内で声をかければくたびれることなく、駅まで「山田移動」できるのだ。上級者はトラックに声をかけてヒッチハイクでかなりの距離、移動可能かもわかんない。

山田うどん大間木店の駐車場でタクシーに乗り込み、取材班は上機嫌だった。初の「山田移動」をかかしの故郷で実行する。ドライバーさんは月に三回くらい山田うどんを利用される由。くだんの公園は地元で「かかし公園」と呼ばれているそうだった。

特殊山田の研究

えのきどいちろう

山田うどんの本質はその多様性にある。社団法人日本フランチャイズチェーン協会（ＪＦＡ）の立ち上げに関わり、関東に大規模展開するチェーン店でありながら、例えば接客マニュアルの類を持たないことは相当なことじゃないだろうか。マニュアル対応でない以上、店舗ごとのカラーや、パート女性の個人スキルで雰囲気が千変万化するんだなぁ。これは客の側からいうと、ぬくもりのある人間的な対応をしてくれる（僕はたまにマニュアル対応のハンバーガーチェーンのカウンターで、自分は自販機を相手にしてるんだろうかと思うことがある）という意味になる。僕らはカウンターで「いつもの！」と注文する運転手さんを見かけて、山田うどんすげぇと感心するが、別に本社がそういう指導をしているわけでなく、それはパートさんの柔軟性なのだ。あるいは「青葉町店（現在は閉店）の店員さんはうどんを届けるとき、箸箱を開けてくれる」といった声を聞くが、それはパートさんの人柄なのだ。山田うどんは店内のディスプレーから接客応対まで、各店舗の自由裁量にゆだねられている部分が大きい。つまり、「同じ山田はひとつとしてない」のだ。僕ら山田を愛する者は、未知の店舗を訪ね歩き、その微細なディテールの違いを楽しむ観察者でもあるだろう。

けれども、微細とは言い難い、強烈な違いとしか言いようのないものを見せてくれる「特殊山田」が存在するのだ。「特殊山田」は愛好家のロマンである。特定の時間・場所でだけ、山田の顔を見せる山田がある。関係者以外には秘せられたシークレット山田も、あるいは知られざる山田も発見されている。それからミッシングリンクのように進化の歯車から取り残され、何故か「駅そば」的な業態を続けている山田もある。この章では「特殊山田」の具体例を紹介し、その多様性を考えつつ、大いに愛でるという作業を試みるつもりだ。

1●サッカー場の特殊山田

先にもふれたが山田うどんにはJリーグ・スタジアムで営業するスペシャルな店舗形態が存在する。最初にそれが実現したのは意外なことに川崎フロンターレのホーム、等々力競技場だ。二〇〇六年シーズン以降、山田食品産業はフロンターレのオフィシャルスポンサーを務め（二〇一九年まで）、試合日にはメインスタンドに出店している。

埼玉スタジアム売店。

これは「引き潮のときだけ出現する、地図にない島」みたいなニュアンスで実に面白いのだ。有名なのは『めしばな刑事タチバナ』でも紹介された、この店舗だけのメニューと噂された「パンチ丼」（もつ煮込み丼）の存在だ。パンチは一般の店舗で持ち帰り用のパックが（曜日限定で）販売されるため、それを買って帰ればあとはゴハン炊く手間だけで誰でもカンタンに「パンチ丼」が食せる。が、山田者のなかに（サッカーに全く興味がないにもかかわらず）フロンターレの試合を観に行き、わざわざ「パンチ丼」を注文する剛の者が続々と出現している。またピッチサイドの広告板にかかしマークを確認しては、一〇〇パー写メを撮る姿が報告されている。

等々力競技場に遅れること四年、埼玉県民の熱い要望にこたえる形で出現したのが、浦和レッズの埼玉スタジアム2002コンコース売店だ。これも

「引き潮のときにだけ現れる島」のパターンで、レッズ試合時だけ特別出店される。大宮アルディージャの主催試合や高校サッカー選手権では出現しないのだ。また埼玉スタジアム店が画期的なのは、店の看板及びスタジアム内の広告ボードがレッズカラーの「紺色がかった赤」に変更されている点だ。日本でこの一店舗だけ、カラーリングの異なる「特殊山田」を楽しむことができる。色違い、バージョン違いをコンプリートする欲求は愛好家にとっての必然というべきで、「赤い山田」は（実は埼スタにも「パンチ丼」「パンチうどん」等のレア・メニューが存在する）高い人気を誇っている。

どちらの店舗でも僕らはまず、行列に並ぶことになる。特にハーフタイムの一〇分間はものすごい行列になる。並んでるほとんどが等々力なら水色、埼スタなら赤のレプリカユニホームを着ているのも通常の山田うどんと異なるポイントだ。で、自分の順番が来たら「冷やしたぬき！」などと注文を言おう。地味にすごいことだなぁと思うのはポリスチレン樹脂の耐熱容器、ほら白いテイクアウト用のドンブリあるでしょ、山田うどんがあれに入って出てくる。あと、希望するとフタももらえる。勇気を出して「フタお願いします」と言うこと。フタをお願いする人は店舗付近で食べるんじゃなく、座席まで持ち帰ろうという考えだ。英語的にいうと「山田うどんTO GO」。スタジアムというところは、通路をじゃんじゃん人が行き交う上、スタンドというものがそもそも階段構造でうどんの持ち運びにはとんでもなく神経をつかう。フタは必要なのだ。フタのおかげで何度、窮地を救われたことか。

2●南浦和店

JR南浦和駅下車0分（東口出入口前）。京浜東北線と武蔵野線の乗り換え駅であり、かつ浦和競馬場の最寄り駅というコクのある立地条件。現在、ロードサイド展開が主流の山田うどんにあって、稀有の駅前店だ。駅そばであっても何の不思議もないたたずまい。自販機で食券を買って、立ち食いカウンターで渡すスタイルからしてフツーの山田ではない。このたたずまいこそ七〇年代に山田が目指した駅前展開のなごりだ。八〇年代に入って山田は駅前展開に見切りをつけ、本格的にロードサイドに定住していくのだが、絶滅したかに思われていた駅前店が奇跡のようにポツンと残っていた。シーラカンスを偶然釣り上げた級の感動。愛好家はその歴史的なたたずまいを心ゆくまで味わいたい。

何故、南浦和店が残ったのか？　まぁ、これは経済原則からいうと話はカンタンで、コストがそれほどかからないわりに利益が高かったのだと思う。経営方針がロードサイド重視に変わった以上、それでも駅前店を維持するにはそれ相応の理由が要るだろう。

でね、これはこの章で紹介するのが「サッカー場の特殊山田」の次に何故、「南浦和店」かという理由でもあるところなんだけど、この店は単なる駅前店ではなく「競馬場の特殊山田」ととらえたほうが正しい気がするのだ。等々力競技場や埼玉スタジアムに山田が存在するように、浦和競馬場（の最寄り駅・バス乗り場近く）に山田が存在するのだ。ただ「サッカー場の特殊山田」は試合日だけの出店で、コストが低く抑えられているのに対し、南浦和店のほうは（レース開催日だけでなく）毎日営業している。家賃も人件費もそれだけかさむはずだ。南浦和店は「引き潮のときだけ出現する島」じゃないんだね。ちゃんと地図にのる島。平たく言えば「競馬ファンを当て込んではいるが、それだけでなく普段のお客さんも大事にしている」という立ち位置か。ちなみに全店舗中、南浦和店の「そばうどん二〇〇円」は最安だ。一般の店舗は二〇一一年時点で「そばうどん三〇〇円」まで上がっていたものを、現在、二四〇円まで下げて営業している（二〇二二年一〇月現在、たぬきうどん、そばは、三四〇円）。うどんは庶民の食べものだから、できるかぎり安く提供したいというのが山田のポリシーだ。僕は六〇円値下げするだけで頑張ったなぁと感心するが、南浦和店一軒だけが、そこから更に四〇円も下げる特殊状態に入っている。これが特殊店舗でなくて何だろう。
僕の競馬好きの知人に言わせると、この店は一定のファンには完全にルーティン化しているそうだ。食べもの商売一般は顧客を動機づけ、習慣づけてやっと成立するようなものだと思うが、知人は「ここの山田うどんに寄らないと浦和競馬へ来た気がしない」とまで言ってくれた。それで連想するのは二〇一二年二月、惜しくも店をたたんでしまった浅草店（僕の地元！）のことだ。浅草店は公園六区の一角、「ホッピー通り」とも呼ばれるもつ煮込み屋の通りの延長に立地していた。もつ煮込みが名物の場所へ「パンチ」で殴り込みをかけていたようなものだ。で、この浅草店が言わば「場外馬券場の特殊山田」と表現できる営業形態だったのだ。ＪＲＡウインズの真裏だ。おそらく「ここの山田うどんに寄らないとウインズ浅草へ来た気がしない」というファンも存在したんじゃないだろうか。

追記　「駅前の山田」であった南浦和店は二〇二二年一月をもって閉店した。無駄に南浦和駅で下車してぶらっと入るのが好きだったんだけど。

3●鴻巣免許センターのレストラン「けやき」

埼玉県民にとって「鴻巣」といえば運転免許センターである。驚くべきことにあれだけの広大な県域でありながら免許センターはたったひとつだ。免許取得や（ゴールド免許でない場合の）書き換えのタイミング等で、県民は必ず鴻巣免許センターのお世話になっている。遠い人は片道二時間以上かけてはるばるやって来ると聞く。で、これはスクープだと思うのだが、鴻巣免許センター内のレストラン「けやき」には山田うどんが入っているのだ。これは山田うどんＨＰの店舗一覧にも出てこない「シークレット山田」だ。読者よ、ここは必ず行こう。店のどこを探しても「山田のやの字」も「かかしマーク」も見つからない。が、ショーウインドウを見て愛好家は息をのむ。山田うどんだ。かき揚げ丼、かつ丼、セットメニューもばっちり揃う。それだけでなく、何とパンチが「パンチ」の名で供されている。いきなり、免許センターで「パンチ」と言い張るか。いや、驚いてはいけない。「パンチ」単品、「パンチセット」のほかに、サッカー場の特殊山田のみの限定メニューであると思われた「パンチ丼」がディスプレーされてるじゃないか。ドラマ版の『めしばな刑事タチバナ』（テレビ東京）で、ワハハ本舗の梅垣義明さん演じる「竹原」（なぜか原作と違っておねえキャラだった）

の情報でも、パンチ丼は等々力競技場の限定であった。これはどういうことかと考えたのだが、「ドラクエでいうところの隠しダンジョン」じゃないだろうか。鴻巣免許センターのレストラン「けやき」はあくまで山田うどんのラインアップには入ってないのだ。ヒミツの山田。山田であって山田でない山田。だから、僕らは「山田ではない店」で「山田ではフツー出されていないパンチ丼」を食べるという、奇跡のような体験をする。

学校給食のソフトめん納入で知られた山田うどんが、二一世紀を迎え、今度は鴻巣免許センターの食堂を押さえる戦略に打って出た。いやぁ、マジでいいとこ押さえるなぁと感心しきりである。だって鴻巣免許センターだったら「埼玉性」と「モータリゼーション」の両方手中にできますよ。山田うどんにとって最重要のポイントでしょう。

卵からかえったヒヨコが最初に見た動くものを親と認識するという「刷り込み」のイメージに近い。かつては学校給食で「山田アイデンティティー」が刷り込まれたのかもしれないが、二一世紀になって免許とりたてのヒヨッコドライバー（?）がターゲットとしてロックオンされたと考えたらどうだろう。最初に見たうどんがソウルフードだと認識されるかもしれない。免許をとった人がうまいことセンター内のレストランでうどんを食べてくれればの話だけどねぇ。余談ながら鴻巣市は目下、「こうの す川幅うどん」推しの真っ最中であり、免許をとった人が幅八センチといわれるビロビロの「川幅うどん」(市域を流れる荒川の川幅がいちばん長いことにちなむ)を食した場合、そっちがソウルフードと化してしまう可能性も捨てきれない。

しかし、「シークレット山田」で、ひそかに山田うどんを食す快感はたまらないものがある。だってね、店内のお客さんの誰も気づいていないんだよ。教えてあげたくなる。が、わかる人だけわかってればいいので、教えてはあげない。鴻巣免許センターは埼玉人の魂の深部にあるのかもしれないなぁ。バス停近くに「十万石まんじゅう」鴻巣店もあるしなぁ。詩的に表現すれば「埼玉のロードサイドが始まる場所」が鴻巣免許センターなのだ。

4●山田内山田の世界

工場潜入のくだりをご覧になった読者は、入間セントラルキッチンの社員食堂の存在にショックを受けたことだろう。工場内に「たぬき」「冷やしたぬき」の二種類しかメニューが選べない「山田内山田うどん」があった。山田うどんの従業員は山田うどんを無料で食べて、そのエネルギーで山田うどんを作っていたのだ。山田うどんで山田うどんを作る、いわば山田うどん永久機関と呼ぶべき循環だ。あるいは正の山田フィードバックと呼んでもいい。

ここで検討したいのは一般にはオープンにされていない山田、「クローズド山田」「ゲーテッド山田」の問題である。山田を愛する気持ちがどれほど深いとしても一般のお客さんが「山田内山田」に潜入できる可能性はゼロだ。唯一あるとしたら山田で働くしかない。これは熱狂的なディズニー愛好家が東京ディズニーランドで働くケース(実はバイトも含めて、かなり多いといわれる)に似ている。いちばんレアなディズニー体験のために「中の人」として就労するのだ。だって「中の人」にならなければ例えばミッキーマウスの公式の着ぐるみを着て、ミッキーそのものになる機会は永遠に訪れない。

セントラルキッチン内の社員食堂はなかなかのフロア面積だった。広い厨房があってテレビがついてて、食堂スペースはテーブル席と畳敷きの小あがりに分かれる。喫煙所があって、従業員の休憩スペースの役割も果たしている。画期的だったのはテーブルの備品が「カントリー・ラーメン」のデッドストックだったりしたことだ。単にアリモノを使ってるだけなんだろうが、産業考古学的には非常に価値ある埋蔵品だといえる。

で、取材していてわかったのは、所沢の山田本社ビルの内部にも社員食堂が存在する事実だった。いやぁ、これは驚きましたよ。山田食品産業の本社ビルは、山田うどん本店の隣りですよ。正面玄関出て一〇秒で山田うどん本店です。最寄りもいいとこ。最寄りすぎてこっちまで照れますね、あれは。まぁ、だからそんなに山田うどんが食べたければ本店がそこにあるだろうと、僕ら素人は考える。が、店舗はあくまでお客さんのものだ。昼どき、もしも山田の社員・従業員で本店が満席になっちゃってたら世間はどう思いますか。

本社ビル内の食堂は小さなスペースだった。ここがいいのはね、セルフうどんなんだ。うどん玉を出して自分でゆでて、湯切りしてどんぶりに盛る。旨いんですよ、自分で作った山田うどん。ここはもう、社員が皆、自分のマグカップなんかを置いてあるプライベートスペースだ。ここへお弁当持ち込んで、うどんとセットにして食べたいなぁ。自力セットメニューですよ。そんなこと社員にしかできない。あ、社員じゃないケースだと山田裕朗社長もあり得るな。僕はこれは社長の飾らない人柄のたまものだと思うんだけど、「社員食堂で社長と並んで湯切りする」、実にほのぼのとした光景が当たり前に展開されているんだな。

案山子デザインの謎とジョンソン基地

北尾トロ

山田うどん最大のキャラクターと言えば回転看板でお馴染みの案山子である。このマークがどのように誕生したか、ずっと気になっていたのだが、山田自身はそのことに興味がない様子で、故・会長に尋ねたときにも「あれは……知り合いの画家に頼んで描かせたんだったかなあ」と曖昧な返事しか返ってこなかった。

その後の調査でますます案山子の重要性は明らかになっていったが、会長が亡くなられたいまでは皆目見当がつかない、という結論に落ち着いていた。一九六〇年代後半当時は関東のロードサイドが激変していった時代。回転看板を掲げＦＣ展開を図るために作られた案山子マークは「作品」的な意味など与えられないまま、どのような経緯で誕生したかの記録も消えていってしまったのだろう。

『愛の山田うどん　廻ってくれ、俺の頭上で!!』が出版されてしばらく経った頃、ぼくの元へたれ込み情報がもたらされた。『明治　大正　昭和　不良少女伝――莫連女と少女ギャング団』などの著者・平山亜佐子さんが、ツイッターで「山田うどんの案山子は夫の父親がデザインしたと聞いたことがある」とつぶやいているというのである。

え、冗談だろ……？　ぼくは、あまりの偶然に言葉を失ってしまった。平山さんの夫というのはデザイナーの田代睦三で、ぼくの古い友人なのだ。

一九八〇年代半ば、編集プロダクションでアルバイトするようになったぼくは、男性誌『スコラ』を担当することになった。で、ぼくが作るページをデザインしたのが駆け出しデザイナーだった田代さん。素人同然のふたりで、あーでもないこーでもないとやっていた仲だ。その後、田代さんは『ａｎａｎ』などのデザイナーを経て独立。ぼくの著作『彼女たちの愛し方』の装丁を手がけてもらったこともある。

記憶をたぐり寄せると、田代さんは埼玉の入間出身と聞いた覚えがある。山田のセントラルキッチンのある場所だ。とすれば、何かの形で接触があったとしても不思議ではない。名刺を探し出し、電話してみた。挨拶もそこそこに質問をぶつける。この噂、本当か？

「俺がガキの頃、親父がそう言うのを聞いたことがあるんだよ。親父はデザイン会社をやってて、いまでいうＣＩ（コーポレイト・アイデンティティー）みたいな仕事をしてたらしいから、山田うどんと関わりがあったのかもしれない」

証拠になるようなものはあるのか、デッサンとか清刷とか。

「ないんじゃないかなあ。会社はとうに解散してるし書類も処分されてると思うよ。もしかしたら兄貴が何か知ってるかもしれないけど。訊いてみようか？」

結果から言うと、田代兄もよくわからないということで証拠探しの調査はここでストップしている。これ以上となると相手の負担も大きくなるからだ。ぼくはいったん保留にして、田代父の活動を追う方向に切り替えた。

田代さんの父は高篠薫一郎氏（大正一四年生まれ、平成一五年没）。入間生まれで、戦後、西洋風家具職人となり、やがて店舗経営を始めた。伝統家具を作る指物師ではなく西洋家具を選んだのは、戦後、地元にジョンソン基地（現・自衛隊入間基地）が配置され、町が米軍の人間であふれかえるのを見て、これからの時代は西洋家具だとひらめいたためだ。

それと並行して薫一郎はインテリアデザインの勉強にも励み、商業デザインの第一人者だった川喜田煉七郎の弟子に。家具店をやりながら茗荷谷にデザイン事務所・KTデザインセンターを開設し、店舗経営のコンサルティング業も手がけるようになる。西洋家具にインテリアデザインと、流行の先端を行っていた売れっ子だった。

川喜田煉七郎との師弟関係は、共著『世界の旅ショーウインドー』（一九六二年）からも証明されるし、六六年から七二年にかけて家具店ものの本を三冊も出版していることから、著名な存在だったのは間違いなさそうである。ネット検索してみると、当時、薫一郎を師と仰いだ人が書いたブログも発見できた。

ここで山田との関係だ。山田がFC展開を開始するのは六五年。六七年には社名変更し、山田食品産業株式会社となっており、薫一郎の全盛期と年代が一致する。チェーン展開していくにあたり、運転中のドライバーの注意を惹くため、遠くからでも目立つ看板デザインを作ることが必須と考えた故・会長は、わざわざアメリカから取り寄せてまで看板を廻した。一発で山田うどんとわかるマークは絶対に欲しかったと思う。

さらに、ここで田代さんから爆弾証言が飛び出した。

「小学生の頃、何度か家で山田の社長を見かけた記憶があるから、うちの親父とそれなりに親しかったんじゃないか」

薫一郎を訪ねてやってきていたと⁉　う〜ん、関係ないところで顔見知りだった可能性もゼロではないが、片やロードサイドに出陣せんとする所沢のうどん屋、片や入間の有名人である西洋家具店経営者にして店舗経営コンサルタント。仕事を通じて親しくなったと考えるのが自然だ。

田代さん（五七年生まれ）の小学生時代は六〇年代後半である。後年、薫一郎がわざわざ案山子マークについて自慢したのも、息子（田代さん）が子供時代に故・会長（当時は社長）に会っていたからではないか？

と、ここまでは「こうであったらおもしろい」という期待込みの話だったのだが、その後会長夫人の美亥子さんにインタビューしていたとき、重要な証言が飛び出したのだ。

詳しくは単行本『みんなの山田うどん』に収録されていたインタビューを読んで欲しいが、かかしのトレードマークをやじろべえにアレンジした頃、山田と高篠家具店はかなり懇意にしていて、故・会長はいろいろと相談に乗ってもらっていたというのである。薫一郎は店舗経営コンサルタントでもあるわけだから、相談内容が山田うどんの店舗デザインやトレードマークに及んだとしても不思議ではない。

なんてこった、本当につながっちゃったよ……。

田代さんの親父である高篠薫一郎氏は、故・会長と親しく、氏が経営するKTデザインセンターが日本ではまだ本格展開されていなかったフランチャイズシステムのシンボル、回転看板の案山子マークを手掛ける。家を訪れた故・会長が田代少年の頭を撫でたことくらいあったかもしれない。

店舗数が一〇〇を超える頃、東京に転校してきた高校二年生のぼくは、近所に出来た山田うどんに初めて入り、博多生まれであることも手伝い、やわやわな麺の贔屓に。それだけではなく、冴えない高校生活を象徴するような飲食店として強く心に刻まれる。

それから一〇年近く経ち、出版業界の右も左もわからなかった頃、東京藝大で現代美術をやってたけど食えないからデザイン事務所に入社した田代さんと、たまたま仕事をすることになる。ふたりとも仕事が遅くて、誰もいなくなった事務所でくだらない話をしながら知恵を出し合う。興が乗ると、田代さんはバリバリ働く代わりにカレーを作って食べさせてくれた。かと思えばイラストを発注する時間がないから、いまここでぼくに描けと言ったり。ぼくにしてみれば、お互いに使い物にならなかった時代からの仲間だ。

そしてさらに数十年。ひょんなことから山田うどん再評価運動を始め、本まで書いてしまう。それを、たまたま田代妻が読み、ツイッターでつぶやく……。

偶然だよ。こんなことは偶然に決まってる。でも、こういうことってめったにないんじゃないかなあ。ぼくには故・会長が天国でニヤニヤしてる気がしてならないよ。「人生っておもしろいだろ」って。

物証こそないけれど、田代さんの話、薫一郎氏の経歴、美亥子さんの話を総合すれば、山田と薫一郎にはビジネス的な付き合いがあり、故・会長が薫一郎の自宅を訪ねて行くほど親しかったことは間違いないと言えるのではないか。後年、山田が製造の心臓部であるセントラルキッチンを入間市に作るのも、何か因縁めいている。かかしデザインをKTデザインセンターが手がけた可能性も非常に高い。当初は知り合いの画家に適当に描かせたかかしマークを使ったくらいだから、当時の山田には、広告代理店を使って企業イメージを戦略的に高める発想はなかった。その手の知り合いも少なかったはずだ。

一方、薫一郎はやり手であり、地元の知り合いであり、企業CIという新しいデザイン分野を得意にしていた。ロードサイドに勢力拡大を図る山田から見たら、気心の知れた薫一郎は一流の指南役。すでにあるかかしのマークを洗練されたものにするために、わざわざ他を探して仕事を発注する理由が見当たらない。

故・会長は六〇年代半ば、アメリカ視察旅行でロードサイドビジネスの現状を知り、やがて日本もそうなると確信。日本初となるFC展開を本格化させる。この事実に嘘はないし、その先進性には驚かされてきた。しかし、日本の未来をアメリカに見る態度には、じつは布石があったのではないか。

敗戦後の一九四五年一〇月、入間の陸軍航空士官学校にアメリカ軍が進駐し、ジョンソン基地（七八年に返還）が誕生したことで、多くの軍人とともにアメリカ文化がこの地に入り込んできた。近郊である山田の本拠地・所沢にも影響がないはずがない。基地は本部を狭山に置いたので完全にエリア内。航空神社は所沢市の北野天神社境内である。少しエリアを広げれば横田基地、返還された立川基地もあって、多摩から武蔵野一帯は米空軍の重要拠点だった。

田代さんが子どもの頃、ジョンソン基地があった入間界隈はアメリカ人が普通に歩いている環境だったという。普通の店じゃ売ってない、ジョンソン基地内で買えた350cc入りコカ・コーラを飲んで育っているし、ぼくが博多でうどんすすってた幼少の頃、福生の「ニコラス」で早々にピザ体験を済ませている。

ぼくが多摩の端っこで山田うどんを食べてた高校の時には、米軍ハウスに住んでみたいと憧れたりもしたそうだ。当時はいわゆる暴走族の全盛期で、ぼくの横田基地のイメージは「集会場所」でしかなかったのに。何なの、同学年とは思えないこの差は。

沖縄返還前、アメリカっぽいエリアは横須賀や佐世保などいくつかあったが、一つの街にとどまらず周辺地域まで含めてとなると、入間から福生、立川に至るこの界隈こそ、日本でもっともアメリカ化された地域だったのではないだろうか。日本であって日本じゃないような独特な世界を描いた村上龍のデビュー作『限りなく透明に近いブルー』が芥川賞を受賞するのは一九七六年のことだ。

こうした背景を考え合わせると、ハウスから供給される中古家具をリストアして日本人向けに販売するビジネスを考えた薫一郎の冴えっぷりがよくわかる。入間にいるから自然に思いつくけど、他地域から見たらアメリカのミッド・センチュリー家具は新しい文化なのだ。

山田にとってもアメリカは身近な存在だったはずだ。この先アメリカ化が進むと分析したわけではなく、体感として「こっち」と感じ取っていたと思う。だからこそ、アメリカへ視察に行くべきだと考えたのかもしれない。すんなりと、これからはアメリカ型ロードサイドビジネスの時代がくるとひらめいたのかもしれない。うどん屋なんだけど。うどん屋なのにそう思い、実行に移すところが七〇年代以降の飛躍を生むのだ。

薫一郎は西洋風家具やインテリアデザインで、山田はFCビジネスで、〝フェンスの向こうのアメリカ〟を日本風にアレンジし開花させたのだと思う。アメリカ人の姿がめっきり減ったいまも、入間界隈にはミッド・センチュリー家具を扱う店が点在し、幹線道路では案山子看板が廻っている。

都市部以上に早くアメリカ文化に触れてきた郊外で、ロードサイドは新たな商圏として加速していく。六九年に国道16号線（現在の八王子IC付近）に日本初のショッピングセンター、村内ホームセンター（現・村内ファニチャーアクセス）が誕生。ロードサイドにファミレスや中古車屋がひしめくまで、さほどの時間はかからなかった。

そして現在も、16号線が持つ独特のポジションは揺るがない。それは首都圏の内と外を分ける環状道路であることだ。ここはもう郊外だよと、山田のかかしが廻っている。「地方豪族としての山田」のところでも書いたようにぼくはよく、首都圏を取り囲むように点在する山田を地方豪族になぞらえて、江戸を守ってると言う。山田店舗群がロードサイドに陣取って、攻め入るさぬきうどん勢と戦っているイメージ。最近は少々押され気味の感もあるが、とにかく何かしらの防衛ラインを築いているように見えるのだ。

考えてみればそれもそのはずだ。山田の店舗は16号線にかなりあるのだが、この道路はもともと、日本に何かあったとき、首都を防衛する意図でつくられたと言われている。横浜―横須賀間の道路は明治時代に国道45号線として建設されたもの。当時の国道は軍用道路で、第二次大戦後、国道16号線として再デビューしている。

そこから昔の街道などを統合して16号線は距離を伸ばし、横須賀―横浜―八王子―川越―さいたま―春日部―柏―千葉―木更津を結ぶ大メジャー道路になって東京を囲んでいく（終点の木更津には航空基地がしっかりある）。

ニュータウンなる大規模団地が誕生し、アメリカ軍が返還した広大な土地が住宅地に化けて団塊の世代を呼び込んだ。郊外の人口は増え、交通量はアップ。二五〇キロ超のロードサイドができあがった。道の両側を商圏と考えてみれば、直線距離五〇〇キロの商店街。駅前なんか目じゃない規模だ。

先陣を切った山田のみならず、七〇年代からファミレス、ガソリンスタンド、大型家具店、カーショップなどが続々参入。農地だった場所が郊外の一等地に変身していった。山田うどんの回転看板が目立たなくなるほどに。それなのに、山田はかたくななまでにデザイン変更をしない。店の規模を大きくしない。

普通に考えたらつぶれていておかしくないと思う。所沢エリアをがっちり固めた。都心に無理な出店ラッシュをかけなかった。学校給食で山田ファンを増やした。安さとボリュームでドライバーの心をつかんだ。過剰なものが増える中、ホッと出来る雰囲気が貴重になった。理由は様々に挙げられ、どれも間違ってないと思う。

でも、ぼくは製麺屋だった頃から、所沢という妙にアメリカナイズされたヘンテコな日本にいたことが大きいとニランでいる。スタイルはアメリカを取り入れているけれど、中身はうどん。日本。入間や所沢ってそういう場所だったんじゃないか。

郊外ってつくづく中途半端で変な場所だなあ。案山子マークもどこか変で、見たら忘れられない。薫一郎率いるKTデザインセンターはいい仕事したもんだ。

郊外に住み始めた人々が、山田に通い始める。トラックドライバーたちに混じって、家族連れがテーブルを埋めるようになる。安い・速い・腹いっぱい路線は、ローン返済を抱えたファミリー層にとっても大助かりだったろう。彼らはあらゆる企業にとって大切なお客さんだから、郊外に営業所がバンバンできる。営業マンが山田に吸い寄せられる。郊外で育った子どもたちは、ここじゃ物足りないと都心へ出て行く。山田の看板から遠ざかっていく。そうして、離れて何年も経ってから気づくのだ。そういえば山田を見かけないぞ。いいさ、山田なんかなくたって生きていける。でも今度実家に帰ったら……食べてみるか。

ジョンソン基地から横田基地、厚木基地、座間キャンプ、横須賀へと南下する16号線沿いはどんなところなのか。そこには、ぼくがまだ知らない山田の物語があるのかもしれない。

髙村薫『冷血』と山田うどん

えのきどいちろう

「イノウエの運転するハイエースは、造成地を抜けて再び町田街道へ戻ると、そこからさらに闇の濃い田舎道——イノウエは朝通った芝溝街道だと言ったが、そんな名前は知らない——を西へ飛ばした。途中、この沿道の鰻屋で鰻重を食べないかと突然イノウエは言い、そんな金はないと一蹴すると、じゃあこの先の山田うどんは？　とくる。吉生が返事をする前に、真っ黒な夜空にオレンジ色のやじろべえがくるくる回っている看板の下へハイエースは滑り込んでゆき、屋台に毛が生えた程度のプレハブの店で、五百円でお釣りのくる親子丼とうどんのセットを食うことになった。そして、そこではボルタレンの威力で久々に食い物の味がして、ほんの少し満足感さえやって来たのだが、金を払って外へ出たとき、鈍いうねりが一つ、ぞろりと顎の底をよぎっていった。」（髙村薫『冷血』毎日新聞社刊）

髙村薫の『冷血』は山田者の間でたちまち評判になった。おそらく史上初めて「山田うどん」という言葉が登場する小説である。一般的には「合田雄一郎《ごうだゆういちろう》シリーズの最新作」として話題を集めたベストセラー作品だけど、山田者らが注目したポイントはぜんぜん違ったのだ。皆、初版の二段組上巻を手にして、「山田来てるな」「やっぱり山田元年すげぇよ」などとうわごとのようにつぶやいた。まさか高村薫作品で「山田うどん」が読めるとは。これはつまり東映の『トラック野郎』シリーズに登場して昭和映画史に刻印されたのと同様、『冷血』に登場することで平成文学史に残ったと言ってもいいんじゃないか。

しかし、平成文学史に残ったわりにはこの「映り込み」感はどうだろう。これは『トラック野郎　天下御免』のなかで、山陽道・倉敷の物語設定で山田うどん東松山店が映り込んだ（実際のロケ地が埼玉だったから）ニュアンスを想起させる。「山田うどん」は物語の光景に映り込むのだ。それは首都圏郊外の空疎なロードサイドを際立たせるアイテムになっている。

『冷血』は空疎で、意味を消失した殺人事件を扱った作品だ。かつてトラック野郎、星桃次郎が血をたぎらせて疾走した街道が今、温度を失っている。一家四人殺しの犯人たちはウェブサイトで知り合った希薄な間柄だ。『冷血』作中の町田街道（八王子―町田）、芝溝街道（相模原―町田）といった手がかりから判断すると、どうも高村さんがモデルとしたのは山田うどん町田図師店ではないかと思われる。たぶん「イノウエ」が鰻重を食べたいと言って、金がないと一蹴されたのは図師大橋交差点前の「すずか」という鰻屋さんではないか。僕の感覚でいうと日大三高、日大三中の近くである。造成地だなぁ。学生時代、町田に住んでた友達んちにクルマで遊びにいったけれど、当時の感覚とはぜんぜん違う光景だ。びっくりするくらい家が増えた。そしてびっくりするくらい匿名的な場所だ。

僕は自分が育った「首都圏郊外の街道沿いの光景」にこだわりがある。そして山田うどんがロードサイドに店舗を増やしていく過程を、「近郊」「郊外」の発明と表現した。全く何もない山野、あるいは農地でしかなかった場所は、造成されて「近郊」「郊外」に生まれ変わる。モータリゼーションのもたらす派手で巨大な看板。チェーン店に制圧された、完全に没個性な景色。間違いなく僕はそこで自己形成したのだ。ウェブサイト「ライブドアニュース」掲載の書評で杉江松恋《すぎえまつこい》はこう書いてくれた。

えのきどいちろうが山田うどんを日本初の「ダイナー」と規定するのは、以上の理由による。ダイナーとは一九世紀末にアメリカ合衆国内に存在した移動式屋台を起源に持つ大衆食堂だ。ホットドックやハンバーガーといった大衆食は、みなこの移動式屋台から生まれたものである（アンドルー・F・スミス『ハンバーガーの歴史』）。やがて固定店舗となり、特にロードサイドに設置されたそれは長距離旅行者に便宜を図るようになった。

夜遅くまで開いているなど営業時間が長く、安価なダイナーは外食の機会を広範な層に向けて提供するものだ。それがアメリカの食習慣を変え、文化を規定するものになった。ポップアートの旗手エドワード・ホッパーにダイナーを題材とした作品が多いのは、そのためだろう。ダイナーのある光景は、誰にでも機会が平等に与えられるアメリカ社会の象徴なのだ。しかし平等で均質であるということは、自らが特異点となる機会を逸するということでもある。だからダイナーを背景として描かれた人物は常に非個性的で孤独に見える。

モータリゼーションと大量消費を前提として出現した二〇世紀アメリカの象徴、ダイナー。その日本版が実は山田うどんの巨大看板だったとは！

――それは日本のロードサイドにエドワード・ホッパーが持ち込まれた最初の瞬間だったのではないか。僕は異形のもののように突然、所沢で輝き、廻りだした山田のかかしにしびれる。UFOなのか。UFOじゃないよ、山田だよ。こわくないんだよ、うどんだよ。山田うどんだよ。

そういえば映画『未知との遭遇』の日本公開は一九七八年のことだった（『スター・ウォーズ』も同年）。少年たちが映画館で息を殺して巨大宇宙船を見つめていたとき、すでに山田うどんの看板は、静かに埼玉は所沢で廻り始めていたのだ。少年期にそれを見た中には、山田うどんの五文字が原風景に擦りこまれた者もいるだろう。自分がいかに／いつ山田うどんと出会ったか（『未知との遭遇』風に言うと、第一種から第三種の接近遭遇をいつ果たしたか）は、関東圏のある地域に住む者にとっては自身の「地元」観を検証するための尺度になるのである。山田うどんは関東限定のチェーンだが、おそらく同じような風景の中の標識が各地方に存在するだろう。東海地方における「スガキヤ」や北陸地方の「8番らーめん」などは、そうした「原風景の食堂」なのではないかと私は考える。

少々脱線する。自分語りを許していただければ、私の原風景の中には「山田うどん」がない。理由は簡単で、一九七〇年代に父親が車を手放したため、モータリゼーションからほど遠いところで少年期を過ごしたためである。

私の家族は一九七二年に、できて間もない多摩ニュータウンに入居した。団地発展史の中で見ると、比較的後期の団地入居者である。実は、ここ数年の〈団地ブーム〉に私は拭いがたい違和感を抱いていた。ブームに乗って〈団地のある風景〉を愛で、その居住性を賞賛することがどうしてもできない。かつてそこに住んでいたとき、団地とは自由の効かない不便なものであった。設立当時、私鉄の延伸が遅れてバス以外の公共交通網が存在しなかったため、多摩ニュータウンは陸の孤島と呼ばれた。私の家族はその中で車を所有しない生活を送っていたのである。それでもなんとかなったのは、多摩ニュータウンの「団地」にその中だけで生活可能な完結した空間があったからだろう。そういう場で生活していると、山田うどんのようなロードサイドの産物に出遭うことはないのだ。

原武史は労作『団地の空間政治学』において、団地の都市計画がモータリゼーションやベビーブームといった変化に対していかにも無策であったことを指摘している。いわばそうした社会の変化から切り離された形で私の「団地」は存在していた。

そこから引っ越し、ロードサイドの存在する一般的な「郊外」を目撃するのは、一五歳以降のことである。すでに原風景は形成され終わり、ロードサイドの光景には強烈な違和を感じた。前掲の文章でえのきどが書いている淋しさには既視感を覚える。

――［……］若者だった頃、僕はその光景に少しいらだっていたと思う。郊外ロードサイドの量販店の看板。ありえないくらいでっかく「靴」と書いてある看板。強い色の発光看板。オレンジを見たら僕は牛丼を連想する。ガソリンスタンドはいつも光のなかにある。そのなかにいると自分はものすごく匿名的だ。他に行くところがない。

なるほど、と思う。一〇代のえのきどや北尾にとって山田うどんは、そうした匿名性にとまどったときに飛び込む避難所のようなものだったのだ。二人と一回り年齢が違い、「団地」で過ごした一〇代の時間を過ごした私にはよすがとなるものが無い。この違いは意外と大きいということを、山田うどんが教えてくれた。『愛の山田うどん』の読書体験は、そうした形で原風景論にも発展していく。私よりもさらに山田うどんから遠く、他の原風景を持つ読者は、また違った感想をこの本に持つのではないだろうか。広がりについて考えていくのが実に楽しい。

（二〇一二年一二月一一日、エキサイトレビュー「山田うどんにサブカルチャーの真髄を見た『愛の山田うどん』」より）

杉江松恋さんが『ハンバーガーの歴史』（スペースシャワーネットワーク刊）を引いたりしながら述べた「平等で均質であるということは、自らが特異点となる機会を逸するということでもある」は重い指摘だ。それはどこにでもあるような光景に囲まれた、誰でもあるような自分ということだ。つまり、どこでもなくて誰でもないということだ。個性、自分らしさ、生きている実感、手ざわりが消失した「近郊」「郊外」。他のどこでも誰でもなく、代えのきかないものを探している。

杉江さんは「匿名性にとまどったときに飛び込む避難所のようなもの」と山田うどんをイメージしてくれた。なるほどなぁと思う。一〇代の自分は無意識に行動していたけれど、山田は他の外食チェーンとは違って見えていた。

それはある意味、洗練されていないということだ。山田は他と比べてカッコ悪かった。というと悪口を書いてるみたいに聞こえるだろうが、そうではないのだ。どういう例を挙げるとわかりやすいかな。僕が山田うどんと出会った七〇年代、「大洋ホエールズ」というチームがプロ野球に存在した。その後、横浜スタジアムを本拠地にして、「横浜大洋ホエールズ」「横浜ベイスターズ」「横浜ＤｅＮＡベイスターズ」と名称を変えていくのだが、僕が例に挙げたいのは川崎球場時代のホエールズだ。「大味な野球」と二言めには言われる下位球団だった。京浜工業地帯を背景に独自のファン層を持っていたが、大人になって元ホエールズファンに尋ねてみると皆、「ユニホームの袖のマルハマーク」が大好きだったというんだ。ホエールズの親会社は大洋漁業だったから、丸にひらがなの「は」のマークがついていた。僕の思い浮かべる「山田うどん的な、洗練されてない特異点」は例えばマルハマークだなぁ。大概の人は巨人ファンだ。そのなかで弱小といえる大洋ホエールズをひいきにしてるのは、既にある程度、「特異点」かもしれない。が、そのユニホームについてるマルハマーク、これはどうにもならないくらいカッコ悪くて、なぜか好きになってしまう。アレだなぁ、指紋みたいなものだ。「特異点」の指紋がべたべた押してある。に対して洗練された、カッコいいものは犯行現場から指紋をきれいに拭きとってしまう。人の手ざわりがない。親近感が持てない。それは人気があってもメジャーであっても、感覚的にはぺらっと薄いものでしかない。

が、もちろん僕が自己形成を遂げた七〇年代と現在では「近郊」「郊外」のあり様も違うのだ。僕が『冷血』の匿名的な「郊外」空間で連想するのは、オウム真理教の元信者、菊地直子だ。彼女は指名手配ポスターの「爆弾娘」とはすっかり面変わりし、誰でもない人物としてひっそり相模原に身をひそめていた。もはや「菊地直子としての人生」が消失しそうな、ありふれた日常性に埋もれて。

作家・高村薫はその「郊外」空間に恐怖をイメージした。その光景のリアリティを「山田うどん」が補強している。確かに「真っ黒な夜空にオレンジ色のやじろべえ？」「屋台に毛が生えた程度のプレハブの店？」「五百円でお釣りのくる親子丼とうどんのセット？」とツッコミどころは満載だ。山田者として言わせてもらえば、高村さん、山田うどんのことぜんぜんわかってない。だけど、もっと大きなところで高村さんは僕らと認識を共有している。

埼玉豪族の日常力

北尾トロ

うどんは字がいい。饂飩も画数の多さに捨てがたい魅力があるけど似合うのは平仮名だ。曲線美である。ゆっくりと、紙にうどんと書いてみて欲しい。何かこう、色気があるじゃないか。麺で字が書けそうじゃないか。

音も愛嬌があってまたいい。優しい響きにリラックスできる。人を構えさせるところがないのだ。うどん、うどんと唱えていたらいいことが起こりそうだ。だいいち腹が立たない。嫌なことがあったときは「うどん」と声に出したら怒るのが馬鹿らしくなるんじゃないか。

もちろん食べるのが一番良くて、怒りながらうどんを啜るってのはいかにも絵にならない。ふざけんなよ（ズルズル）。いい加減にしろ（ズルズル）。ま、いいか（ズルズル）。うん、どうでもいいな。こうなっていくのである。

うどん情勢のことを考えていて、本稿とは関係ないことから書き始めてしまった。ぼくは『愛の山田うどん』が発行された二〇一二年からこっち、情勢はさほど変わっていないと思う。さぬき勢力のなかには世界進出に力を入れるチェーン店もあるが、地方に根付いたうどん豪族が滅亡の危機にあるという噂は聞かない。というか、ビクともせず、それぞれの地域で愛され続けている。

近年、博多うどんの地にさぬきが攻め込んだ際も、いったんは客が流れたものの、一年足らずで客が離れて撤退を余儀なくされた店が大半だったらしい。残ったのは、微妙に麺を柔らかくし、博多シフトを敷いた店ばかりだという。どうしたんだ。コシに妥協するなんて、さぬきらしくない。それほど、麺に出汁を吸わせる博多の伝統的うどんが地元に定着しているということだろう。博多のうどんチェーンはどこも元気だ。

この間、山田も店舗の見直しをはかりながら関東の領土を死守。贅肉をそぎ落とすかたわら新メニューをつぎつぎ繰り出すなど、闘志の衰えは一切感じさせない。一進一退の攻防は今後も続くだろうが、目下のところ安定した状況。とりたてて、うどんは注目されてもいないけど、きっちり食べられていればそれでいいんでないかい。

しかしながら、うどん以外はどうなってるんだ。ロードサイドは弱肉強食の争いがいまなお続き、資金力豊富なナショナルチェーン、グローバル企業の進出が止まない。どこでもいい、近くのロードサイドを思い浮かべてみればいい。マックがある。すき家が、吉野家がある。ファミレスや焼肉店の看板が胃袋を刺激する。外食産業以外に目を移せば、紳士服のチェーンにユニクロ、書店、家電や靴の量販店、大型スーパー、家具店、それらが合体したモールやアウトレットショップ。地方都市の駅前がミニ東京化しているように、ロードサイドも金太郎飴みたいな光景になっている。

こうなる理由はいろいろ考えられるけど、客がそれを望んでいる面も確実にある。全国チェーンの知名度そのものが、なんとなく嬉しい。都会的な何かが、遠く離れたこの地にもやってきた。そんな錯覚もあるように思う。

うどん界にはそこまでパワフルな企業が今のところない。さぬきチェーンに都会の雰囲気はあまり感じないと思われる。だから、うどん界の地方豪族たちは元気でいられるのかもしれない。

うーん。山田にとってはうどん屋であったことが幸いしたけど、他の埼玉の地方豪族たちはどうなっているんだろう……、わざとらしく埼玉話に持っていってますか。そこは否定しないけど、できればあまり気にせず読み進めてもらえれば……どっちでもいいよ！

一九六〇年代後半に山田が本邦初の回転看板を掲げ、フランチャイズ展開によるチェーン化を始めた埼玉は、国道16号線という大動脈が通り抜ける、ロードサイドビジネスの本場と言ってもいい場所。地方で小さな商売をやっていたような店や企業のそばに巨大な商業空間が出現していく中、その波にうまく乗って地方豪族化する動きがまず最初に起こった地域なのでは、とぼくはニランでいる。サイタマドリームに続けとばかりに、全国のロードサイドが商業的に開発されていくイメージだ。

過激な覇権争いがあったことだろう。道路を挟んで同業が客の分捕り合戦をしただろうし、つぶれた店を居抜きで使って商売するなんてこともあったはず。そうやって力をつけ、地方豪族たちはナショナルチェーンが運んでくる都会の風に対抗したに違いない。だから、現在残っている彼らは皆、そうそうたる実力者と考えていい。

おもな豪族の名を挙げてみよう。ファミレス界ではサイゼリヤ（千葉が発祥だが現在は吉川市に本社と工場を構える）。海がない埼玉に目をつけた寿司業界にはかっぱ寿司（さいたま市）、がってん寿司（熊谷市）。焼肉の安楽亭（さいたま市）、中華の日高屋（さいたま市）、ぎょうざの満洲（坂戸市）、チェーン店じゃないけどガリガリ君で日本中に名を轟かせた赤城乳業（深谷市）もいる。食べ物以外では家具・ホームセンターの島忠・HOME'Sシマホ（さいたま市）、ファッションセンターしまむら（さいたま市）。

埼玉豪族には不思議な特徴がある。都心中心（駅前。マックや吉野家の近く）に出店ラッシュをかけている日高屋を除くと、がむしゃらな東京志向を持っていないことである。東京といえば世界有数の消費力を誇る大都会で、埼玉からはすぐなのに、目がそっちを向いてない。

いや、都内に出店はするんだ。でも、もともとロードサイド育ちのところは広い駐車場を必要とするので、駅前にこだわれない。駅前を捨てるとは、憧れを捨てること。で、半端な宅地に出店しても仕方がないので、幹線道路が主戦場となってくる。

そうしたとき、その場所は埼玉豪族の目にどう映るだろう。客もいるけど家賃もバカ高い「東京という地方」じゃないだろうか。東京から距離が近い埼玉豪族は、都心のブランド力に魅力を感じつつ、一方の目で外側を見る。神奈川、群馬、栃木、千葉。さらにその向こうを眺めれば、全国各地にロードサイドがある。地元を制したその後、一直線に東京を目指さなくてもいい。

山田は紆余曲折の末、東京23区内に蒲田店(現在は閉店)のみ置き、残りを関東一円のロードサイドに点在させる地元密着型チェーンだが、同様の考え方をする埼玉豪族はいないようだ。むしろ群馬県を本拠とする、おおぎやラーメンがそれに近く、群馬、埼玉、栃木、長野、新潟の五県のみで展開。県境を接していない千葉や神奈川には目もくれない。もともとは所沢の企業で、山田との交流もあると思われるぎょうざの満洲が気になるところだが、都心への出店が活発で、中央攻めを試している感じがする。

食べてみると普通の味なのが埼玉っぽいんだけど、どうかなあ。いまのところ軸足は郊外にありそうだが。

なんだよ、埼玉豪族と言っても、県内発祥だったり本社をさいたま市に置いてるだけで、けっこう野心満々じゃん。そう思ったとき、十数年前の体験が蘇ってきた。

仕事で岐阜県揖斐郡へ行ったときのことだ。着替えを忘れたぼくが、手頃な店で下着を買おうと考えながらレンタカーを走らせていると、ファッションセンターしまむら（以下、しまむらと略す）という店が見つかった。ここに下着は売っているだろうか。同行の知人に訊ねてみる。

「他に適当な店もないし、案外あるかもよ。しかし、しまむらって謎の店だよな。都心じゃ見かけないけど、仕事で地方に行くとなぜかある」

ぼくも何度か見かけたことはあった。もしかしたら、地方に特化して業績を伸ばしている有名なチェーンなのかも。

「だとしたら、それは鋭いと思うよ。平仮名でしまむらでしょ。俺は田舎育ちだからわかるけど、地方でうまくやるには気取っちゃダメ。こういうダサめのロゴが強いのよ」

入店したら驚いた。なんともいえないデザインの服がたくさんあり、しかも安い。

だいたいは普段着で、男性用下着もキッチリ売っていた。

しまむらデビューで印象的だったのは、醸し出される地元感だ。地元企業ではなさそうなんだけど、品揃えが揖斐郡のこの場所に異様にフィットしている。こりゃあ、近郊の人にはたまらないはずだ。買うさ、手が出る。しまむらってのは侮れない。どっこい、すごい企業かもしれないぞ。

今にして思えばマヌケな感想だ。ぼくが知らなかっただけで、しまむらは当時から有名だった。攻める方向が都心ではなくローカルだったので視野に入らなかったのだ。で、ぼくが言いたいのは、しまむらにせよ島忠にせよ、埼玉豪族は気取らないということなのである。がってん寿司なんて、注文すると職人が一瞬動きを止め、一斉に「がってん!」って叫ぶんだ。ロボットみたいで笑わずにいられない。もう、かたくななまでに気取ってない。かっこいいロゴも作ろうとしないし、メジャー感のあるCMも打たない。高級路線も取らない。

たまたまそうなったのではないと思う。あえて洗練させないのだ。そりゃできないんだよという意見もあると思うけど、そんなことはない。ユニクロ（もともとは山口県）みたいな選択肢もあったはずだ。でも、そうならないのはなぜなのか。

他のどこでもない、埼玉の豪族だからだと思う。

郊外、ローカル、東京への憧れとコンプレックス。この三要素を否応なく意識し、郊外に着目する大資本としのぎを削る。埼玉豪族は他府県に比べ、長く激しくこれをやってきた結果、自らの立ち位置を知るに至った。このままで行こうと。安く、気さくで、日常性のあるチェーン店。都会以外のどこにあっても風景に馴染むような店。それこそが武器なんだと。

山田は地元でこれを徹底し、誰が言い出したか知らないが、埼玉のソウルフードと呼ばれるようになった。ずっと世話になってるあの店に、なんかいいキャッチフレーズをつけたいと考えた人がいたのだろう。一方で、埼玉を制した後、関東はもちろん全国チェーンに成長した埼玉豪族は、埼玉っぽさをそのまま各地のロードサイドに持って行き、見事に地域の色に染まってみせ、大活躍する。

受けたのはサンダル履きの世界、ザ・日常とも言えるものだ。都会でそうじゃないものを必死になって商品化してきたチェーン店が不得意な、ダサくてちょっとアレな世界だ。でも、そこにビジネスチャンスが転がっていた。ぼくたちがやってることのほとんどは日常の枠を出ないのだし、たいして冴えてないもんね。

埼玉豪族たちは、滅びてしまった地方の豪族に代わって、グローバルだったりオシャレだったりする巨大チェーンと渡り合っているんだと思う。それは、全国に埼玉のロードサイドを伸ばすような活動だ。ぼくには日本の各地にある、もうひとつの国道16号線が見える。肩をすぼめ、店に入ってく自分の姿も。

山田CMに関する資料研究（序の口）

えのきどいちろう

僕には宿題があったのだ。以前、ＴＢＳラジオの昼ワイド『たまむすび』に出演したときのことだ。木曜日だったから赤江珠緒アナとピエール瀧さんがスタジオにいた。一五時台のコラムコーナー「おもしろい大人」で山田うどんネタを披露した。確か初めて入間セントラルキッチンの見学をした直後で、その話が中心だったように思う。ピエールさんは本当に言葉の反射神経バツグンの人で、もう卓球の試合みたいに目まぐるしく山田ネタを打ち合う、ま、「山田乱打戦」状態がめっちゃ楽しかった。

で、『たまむすび』は昼ワイドらしく、その日通しのメッセージテーマってあるんだよ。コーナーの最後、あらためてテーマを振ってメールを募集する流れになって、その日のテーマが「脳内で無限ループしてる曲ありますか?」みたいなやつだったんだ（正確な言い方は忘れた）。スタジオ内にはまだ山田ネタの余韻が残ってるから、募集告知の後、ピエールさんが自然な感じで「山田うどんはＣＭソングってあるんですか?」と聞いてきた。

そのときね、僕は「山田CM」研究に手をつけなくちゃと思って、これは一朝一夕には終わらないぞと覚悟していたところだったんだね。メディア事象としての山田うどんには、本書で取り上げた東映『トラック野郎』シリーズや髙村薫『冷血』のようなものもあるけれど、CMも大切な要素だ。僕はラジオ好きなので一応、山田うどんのスポットCMを聴いた印象があるけれど、当然のこと全体は把握してない。ピエールさんご質問のCMソングに関しては、ひとつ心当たりがあった。が、それを言っていいものかどうか判断難しいなぁと思ったのは、それが埼玉のFM局、NACK5がらみのキャンペーン曲だったんだね。ちょっと前のことだからTBSで言うのは構わないと思ったけど、確認とれてない。僕のイメージしてる『山田うどんの歌』は確かNACK5でパーソナリティーを務めているバカボン鬼塚さんが「かかし」というフォークバンドを結成して歌ったものだ。

「CMソングはちょっとわからないですね」

確認とれてないので、そう返事したのだ。これが僕の宿題。ウラを取って、言えること言えないことを明確にして、大まかでも山田うどんのCM戦略を頭に入れる。

以下はその最初の宿題提出だ。これは調べてもわからないことが多くて、史学や考古学のように「こう考えられるのではないか」を仮説として提示するアプローチを採る。もちろん他の研究者、愛好家が別の知見をぶつけてくれたり、あるいは補足、修正を行ってくれるのを期待している。僕としてはやれるところまで頑張ってみますよ。

僕の弱点は埼玉人ではないところだ。出身が他県であるだけでなく、埼玉県民であった期間もゼロなのだ。「山田ネイティブ」と比べて、給食のソフトめんに代表される山田原体験が決定的に不足している。それはCM体験にも言えるだろう。例えば僕がテレビ埼玉を初めて見たのは八〇年代後半、恵比寿のワンルーム住まいに東急ケーブルテレビが導入されたときだ。まぁ、パ・リーグ好きが幸いして、見る頻度はグングン増えていった。だもんで「十万石まんじゅう」や「ぎょうざの満洲」のCMフレーズ（前者が「風が語りかけます。うまい、うますぎる…」、後者が「3割うまい!!」）は他県人のわりに耳なじみがある。だけどね、NACK5となると『サタデーライオンズ』『サンデーライオンズ』両中継しか聴いてないよ。もう痛恨の極み。何でもっと聴いておかなかったのだろう。バカボン鬼塚さんがフォークバンド「かかし」を結成する経緯など、オンタイムで聴いていればどんなに楽しかったかわからない。

しかし、何故、NACK5だったのだろう。地元埼玉エリアのステーションだということはわかるが、FMリスナーの客層と山田うどんのターゲット層は微妙にズレている気がする。有り体に言ってFMリスナーはちょっとお洒落方向だろう。に対して山田うどんがメインターゲットにしているトラック野郎、プロドライバー、配送車・営業車の外回りはAMリスナーである割合が高い。軽トラでAMラジオしか付いていないケースもある。

そこら辺がどうなのかは山田食品産業に問い合わせてみるのが手っ取り早い。特に広報担当の江橋丈広さんだ。江橋さん、そこら辺どうなってるの？　あ、ウワサなんだけど、会長のお嬢さん（つまり、現・山田裕朗社長の妹さん）がNACK5に勤務されてたって聞いたけど、本当ですか？　NACK5との協力関係はそのルートですか？

江橋さんは「山田のなかにいてもわからないことが多いんですよね」と笑っていた。山田家のお嬢さんが一時期、NACK5に勤めておられたのは本当のようだ。もう他家へ嫁がれてるし、仮称「プリンセス山田」ということにするが、彼女が山田うどんとNACK5の橋渡し役を務めたひとりだったことは疑いがない。もともと山田食品産業は人間的なつながり、縁を大事にする会社だ。人的なルートが出来たことが後に花開いていく。

江橋さんが社内で目をつけといてくれたのは、世紀があらたまってからの（つまり、ゼロ年代以降の）山田うどんの「ラジオCMサンプルカセット」だ。「大量にありすぎて処分しようかと思ったんですけど、何か役に立つ日がくるかもしれないと思い、取っておきました」とのこと。ちょっと笑うくらい大量にある。ほぼ全て一〇分テープで、ラジオのスポットCMが「20秒バージョン（3タイプ）」とか「30秒バージョン」とか入っている。局を確認すると文化放送、TBSラジオ、そしてNACK5だ。

ひとつ再録してみよう。クレジットを見ると「山田うどん　R―CM20秒／『夕方5時から全品半額フェア再登場』篇」（2002年1月15日〜2002年1月22日使用）となっている。SONYの10分カセットテープで社名がない。大量のカセットの山を見るとTBSとNACK5は社名がプリントされた専用のサンプルカセットを使用している。たぶん文化放送なんだろうなと思って再生したら聞き覚えのある声でナレーションが始まった。

「山田うどんラジオCM20秒、『夕方5時から全品半額フェア再登場』篇です……。（BGM、トーン高くなって）新春特別企画、山田うどんの夕方五時から半額フェア！（BGM、ジャーンと入ってくる。軽快なサウンド）昨年大好評をいただいた山田うどんの夕方五時から半額フェアを一月二二日、一日のみ開催いたします。ドリンク類を除いて全品半額だからご家族やお仲間と是非！　いらっしゃいませ〜、山田うどん」

これはね、かなり笑ったな。声は伊藤佳子アナだ。文化放送で間違いない。伊藤さんは阿佐ヶ谷ロフトAでやった第1回山田うどん祭にもわざわざ来てくれた。そのとき、山田うどんのCMナレーションやってるって言ってたな。ラジオCMは大手広告代理店が制作するタレントさんを使ったもの（予算がかかっている）もあるけれど、局アナを使った親しみやすいもの（それほど予算はかかってない）もある。空いてるスタジオでササッと収録するんだよな。僕は、朝ワイド『くにまるジャパン』のレギュラーコメンテーターを務めていたんだけど、スタジオにいる野村邦丸、伊藤佳子両アナが二人とも山田うどんのCMナレーションをやったことがあると聞いて、一目置いていた。しっかし、カセット再生して、すんごい高いトーンで半額フェアが出てきたときは、山田うどんも伊藤さんも何やってるんだよって感じだったなぁ。すごすぎる企画だし、伊藤さんトーンも高すぎ。まぁ、20秒に情報入れ込むとなるとこのくらいのトーン&テンションかなぁ。ちなみに「いらっしゃいませ、山田うどん」は決まりのフレーズだね。

まぁ、聞き比べてみたけれど「山田うどんR—CM20秒3タイプ」（2006年9月25日録音NACK5）も「山田うどんラジオCM20秒『秋の新メニュー2007年』篇」（2007年10月1日収録 文化放送）も、「山田食品産業・20×2新メニュー2008

年篇・かき揚げ天ぷら篇」もそう大して変わらない。ていうかこのカセットの山がほぼ全部変わらない。特にAMの文化放送とTBSラジオは実用一点張りのスポットCMだな。やっぱり、同じ実用一点張りでもNACK5は多少雰囲気が違う。それがいちばん顕著になるのは、二〇〇七年春からバカボン鬼塚さんの「かかし」の曲がBGMに採用されたことだ。だってオリジナルの『山田うどんの歌』ですからね。著作権フリーのあいまいな曲とは違いますよ。

山田うどんのゼロ年代以降っていうのは面白い時期で、新しい露出の仕方を始めるんだ。僕がかねて注目しているプロスポーツとの関わりも九八─九九年シーズンの「所沢ブロンコス」（現・埼玉ブロンコス）のオフィシャルパートナー（パンツスポンサー）を皮切りに、〇六年からの川崎フロンターレ広告板掲示及び出店、一〇年からの浦和レッズ広告掲示&出店と目立つところへ打って出ている。ラジオCMに関しては文化放送とのつき合いが長いけれど、ゼロ年代になってTBSラジオ、NACK5が始まる。山田のことだから新戦略あってのことっていうよりは偶然が重なった結果じゃないかと思う。ただ前向きなムードは横溢しているね。

バカボン鬼塚さんのバンド「かかし」はそういう文脈でとらえるべきだ。時期としては〇七年四月、「春のお客様キャンペーン」で用いられたのが最初らしい。『山田うどんの歌』はアルバム『バーンパーク』にボーナストラックとして収録されている。CMに何度も使われたほか、店舗BGMとしても使用されている。

二〇一三年、二人組ユニット「吉田山田」に急接近したのは、「かかし」以来の異色コラボだ。社長と吉田山田の鼎談も実現し、その七枚目のシングル『ごめん、やっぱ好きなんだ。』はBIGLOBE音楽芸能ニュースで『「やっぱうどん好きなんだ」⁉ 吉田山田 新曲で山田うどんとコラボ実現』の見出しで配信された。もちろん、ももいろクローバーZへの急接近も見逃せないところだし、山田うどんのメディア露出の動きに興味が尽きないのだ。


とカセットの山に埋もれて思いを巡らせていたら、ミチローからメールが入った。ミチローは山田道朗、亡くなられた会長の息子さん（つまり、現・裕朗社長の弟さん）で、先ほどの表現を用いれば「プリンス山田」である。まぁ、山田食品産業に入社せず、音楽やってるんだね。トロさんも僕もお互い自由業という気安さがあって友達づきあいさせてもらっている。実はミチローにも問い合わせていたのだ。

「君はさ、音楽やってるわけじゃん。山田うどんのCM戦略、特にCM音楽で何か気づくことない？」

　当方としては、山田家の人間で、プロのミュージシャン&作曲家で、会社と少し距離を持ってて気楽に相談が出来る、という最高の人物なのだ。ミチローは「山田家にいても知らないことが多いんですよ」と、何だか江橋さんそっくりのことを言う。

「かかしっていうフォークバンドのことも昔、たまたま店にポスターが貼ってあって、それを見て知った程度で、あんまり聴いてないんですよね。どうなんですかねぇ、CM戦略か。あ、でも僕が子供の頃だったらテレビCMやってたと思いますよ」

「え、マジ？　ミチローが子供の頃って七〇年代だよね。テレビ埼玉？」

「うーん、あんまりはっきり覚えてないんですけど、テレ玉じゃないと思いますよ。たぶん東京12チャンネル、今のテレビ東京かなと思うんですけど」

「へぇ、そんなのやってたんだ」

「東京12チャンネルだったと思うんですよ。父が『チャンネルの数が少なくなるほど、CM料金は高くなる』って言ってたのを覚えてますから。12チャンネルはいちばん安かったんでしょう」

「CMの内容は覚えてない？」

「あの、ほら『四季の歌』の人、何ていいましたっけ？」

「あ、そうです、芹洋子。芹洋子さんが何か歌ってたような……。うーん、かなり、あやふやなんで今度までに調べときます」

「ふーん、歌もののCMか。芹洋子起用だったらお金かかってるね」

「芹洋子？」


メールが来たのはそんなやりとりをした三日後くらいだ。まず、写真が三点、それが衝撃的なものだった。まずオープンリールのテープ。ラベルを拡大してみると「山田うどん・カントリー・ラーメン／販促用R—CM音楽です」(録音年月日51年12月17日)の文字が見える。昭和五一年なら一九七六年だ。アントニオ猪木がモハメド・アリと異種格闘技戦を戦った年。田中角栄前首相がロッキード事件で逮捕された年。長嶋巨人が前年最下位からセ・リーグ優勝に輝いた年。これは古いぞ。山田家に眠るお宝だ。それからフィルムのベタ焼きらしい一連のスタジオ風景。拡大して何度も見てみたが僕には何かの撮影風景に見える。ミチローのメール文面は更に強烈だった。

「テレビCMのテープがありました。再生機器がないので内容が確認できませんが、何か必要なら言って下さい。あ、『四季の歌』の人が歌ってたというのは誤解でした。声が似てる人だったということです」

芹洋子ではなかったらしい。たぶんご家族の誰かに確認したんだ。文面の「テレビCMのテープ」は写真のオープンリールだろうか。それとも別に何か出てきたのか。写真のオープンリールならラベルに「販促用R―CM音楽」とクレジットされてるからラジオCMの音源だろう。但し、ここまで古い音源は江橋さんのところにもない。超貴重だ。「販促用R―CM音楽」とあって、横に作曲者、ディレクター、タレント名が書いてあるのもすごい。もしかしてタレントの「野呂ひとみ」さんという人は芹洋子似の声なのだろうか。そして、七〇年代のラジオCMソングはどんなものか。これは「かかし」や「吉田山田」とはケタ違いに古い「山田音楽」なのだ。

ミチローとさっそく落ち合って、第一級山田資料を受け取る。「テレビCMのテープ」とメールに書いてよこしたのはやっぱりオープンリールだった。僕の家でもオープンリールは聴けないから、文化放送・報道スポーツセンター、関根英生部長に頼み込んで放送局の機材で聴かせてもらうことになった。関根さんはかつて映画少年で、ロードショーを見るついでに有楽町のカントリー・ラーメンに寄るのを楽しみにしていたそうだ。それから例のスタジオ風景のベタ焼き。これは山田食品産業で宣伝の仕事をされていた山田勝康顧問（亡くなった会長の弟さん）に見ていただくダンドリを取った。手にとって眺めてみると、大がかりなかかしセットだ。これは何のスタジオだろう。おそらく七〇年代に違いない。

まず、スタジオ風景のベタ焼きから謎解きにかかる。勝康顧問に見ていただくと「あ、これは局はどこだったかな、歌番組ですよ。僕が現場へ行ってます」と意外な答が返ってくる。顧問の話では、レギュラーではなく単発でスポンサーを引き受けた歌番組があったそうだ。テレビ埼玉ではなく、在京キー局。かかしはその番組のセットで、何とそこで伊東ゆかりが歌ったのだという。

「僕は伊東ゆかりのファンで、だから現場へ行ったんですよ。伊東ゆかりからサインをもらいました。同じ番組に青江三奈も出ていて、青江三奈からもサインもらったんですけど、それは顔を立ててで、本当は青江三奈のサインなんていらないなと思いましたよ（笑）」

読者のなかにひょっとして青江三奈さんのお身内がいらっしゃっても気を悪くされないでほしい。勝康顧問は何しろお嬢さんの名前を「ゆかり」になさるほどの、熱心な伊東ゆかりファンなのだ。

で、勝康顧問のお話をうかがって、「そうですか、当時はテレビCMも打ってたんですね」と認識を新たにして、仕事部屋に戻り、ひとりになって写真に見入っていたら何だか自信がなくなった。僕の目にはテレビ局のスタジオには見えないのだ。第一、テレビカメラが一台も映り込んでいない。この一連のスナップにカメラが映り込まないのは不自然だと思う。人の記憶は自分をだますことがあるのだ。勝康顧問は数々の現場を踏まれてるから記憶が入り混じっている可能性もあろう。僕の勘だと、これはスチール撮影のスタジオだ。背景の感じがいかにも写真スタジオっぽい。が、それなら伊東ゆかりを打ち消すだけの反証があるのかと言われたら何にもないんです。だから現時点ではわかんないっす。

オープンリールは文化放送の技術室へ持ち込んだ。クレジットを読み込んでいた関根さんが「あ、代理店は協同広告ですね。ここは今は全国の支店支社を閉鎖して機能集約しちゃいましたけど、昭和五一年ならイケイケだったんじゃないですか。あー、制作会社のオールスタッフ・ニューサウンドってところも聞いたことあります。僕も昔、仕事してるんじゃないかな」と言う。技術さんがテープをセットして再生した。さぁ、昭和の山田CMソングだ。

「山田うどん販促用ラジオCM20秒、Aタイプです……」

ありゃ、男性アナウンサー。

「（打球音、カキーン！）山田うどんのラッキープレゼント。今、山田のうどんとおそばを食べると巨人ヤクルト戦一万二〇〇〇名様ご招待。さぁ、お近くの真っ赤なかかしマークの山田うどん、カントリー・ラーメンのお店へお早めにどうぞ！」

ラジオのスポットCMだ。これは箱とテープの中身が違うのだ。

「山田うどん販促用ラジオCM20秒、Bタイプ……」

お、Bタイプはどう違う？

「（打球音、カキーン！）山田うどんのラッキープレゼント。今、山田のうどん、おそばを食べると巨人ヤクルト戦一万二〇〇〇名様ご招待。さぁ、真っ赤なかかしマークの山田うどんとカントリー・ラーメンをどんどん食べよう！」

以上でテープは終わっていた。箱のクレジットと中身が異なる以上、いつのスポットCMなのか確実なことは言えない。しかし、「一万二〇〇〇名様ご招待」って規模がでっかすぎないか。関根さんにこういうことは今、あるだろうかと尋ねると「たぶんこれは巨人ヤクルト戦って言ってますけど、神宮のヤクルトvs巨人戦だと思います。今はなくなったけど昔は外野自由席ってあったんですよ。それを一枚三〇〇〇円くらいにしてもらって、一万枚だとして三〇〇〇万でしょ。制作費一〇〇〇万くらいもらえば充分いけます」。おお、今の感覚で言って一〇〇〇万円級のスポンサードをしてた時期があるのか。ごっついなぁ。関根さんはこのスポットCMが文化放送だった気がするらしい。

しかし、「CM音楽」じゃなかった点は残念無念だ。調べたら「野呂ひとみ」さんは有名なCMソングの女王だった。「日本海みそ」（日本海味噌醤油・キダ・タロー作曲）「サトウの生切りもち」（佐藤食品工業・クニ河内作曲）等、声を聴いたら誰でもわかる。果たして「野呂ひとみ」さんがミチローの言った「芹洋子」なのか？　これもわからないんです。僕も研究を続けますから何かご存じの方がいたら教えてください。

山田遺産への旅

北尾トロ

二〇一二年、山田食品産業の社員でありながら山田者として目覚めた男・江橋丈広さんは、仕事の合間を縫い、山田発掘作業に取り組んできた。山田は半世紀を超す歴史を持つ企業だが、社史が編纂されているわけでもなく、社の足跡はごく一部の記憶にとどまるのみだ。このままではまずい。山田がどのような紆余曲折を経て今日に至ったか、放っておけばいずれ誰にもわからなくなってしまう。

何ができるか考えた末、出店リストだけでも整理しようと決めたが、それからが大変だった。資料が満足に残ってないのである。しかし、やり始めたら止まらない男・江橋はあきらめない。残されていた契約書やチラシ類、分散していた書類を分類し、コツコツと掘り起こしていった。

言っとくけどこれ、仕事じゃないから。誰に頼まれたのでもなく、勝手にやる。山田に興味でちゃったから通常業務を終えた後、残ってやる。変な時間に会社にいるもんなあ。用があって深夜にメールするでしょう。こちらとしては、朝イチで読んでもらえればいいわけだ。それが五分後に返信されてきたりする。どうなってるんだと思っていたら、たったひとりで山田考古学に勤しんでいたのだった。

おおよその調査を終えたのは二〇一三年暮れのこと。明けて正月の三日、山田で働くために本社を訪れると、江橋さんが嬉しそうだった。開業以来の出店リストが完成したのだという。完全とは言い切れないが、これ以上は調査不能だという。

一瞥して驚いたのは出店数の多さである。優に五〇〇店舗を超えているのだ。現在の店舗数は二〇〇店を切っているのだから、閉店した店のほうがはるかに多いことになる。古い店舗では、残っているところが少ないと見ていい。

ぼくは興奮を抑えきれなかった。リストを分析すれば、店舗から見た山田の歴史が浮き彫りになる。そうすれば、山田の謎にひとつ迫れると思ったのだ。

出店方法については、これまでにも社長や山田勝康顧問に話を聞いてきたが、制度化されたセオリーはなく、そのときどきの勘に頼っていたとの証言を得ている。交通量調査や五年先、一〇年先を見通した出店プランを練るのではなく、なんだか良さそうだというので決めてしまう。それは事実であるらしい。

だが、疑問がある。そんないい加減なやり方で、なぜうまくいったのか、である。山田の勘は冴えていた。失敗もあっただろうが、トータルで考えればピントはシャープで、社の成長に結びついた（近年は、勘に頼った出店では限界があるということで、採算重視の路線を取り、閉めるべき店は閉めるようになっている）。でも、こうも思うのだ。個々の出店は勘で決められたとしても、勘を働かせるには方針が必要だろうと。全体として進むべき方向を、店舗開発部隊が理解していなければ、良い悪いの判断は下しにくいだろう。それとも本当に、個々の店舗が流行るかダメかで出店を決めたのだろうか。

山田が何を考えて店作りをしてきたのか、ぼくはそこが気になる。この資料を紐解いていき、日本で初めて本格的なフランチャイズチェーン（ＦＣ）展開を試み、ロードサイドというケモノ道を切り開いてきた〝山田の脳〟に迫ってみたい。

初期山田の〝棋譜〟を追う

撒き餌をしている……。リスト分析を開始してすぐ、ぼくはＦＣを軌道に乗せるべく山田が取った大胆な行動に舌を巻いた。初期の山田はＦＣ店を募集し、うどんなどの材料を提供することで利益を得る作戦。そのためには店舗を増やすのが大命題になる。で、顧問も言っていたように、都心に店を出すことになるのだが、その考えと結果が、囲碁の棋譜みたいに、リストにはっきりと出ているのだ。

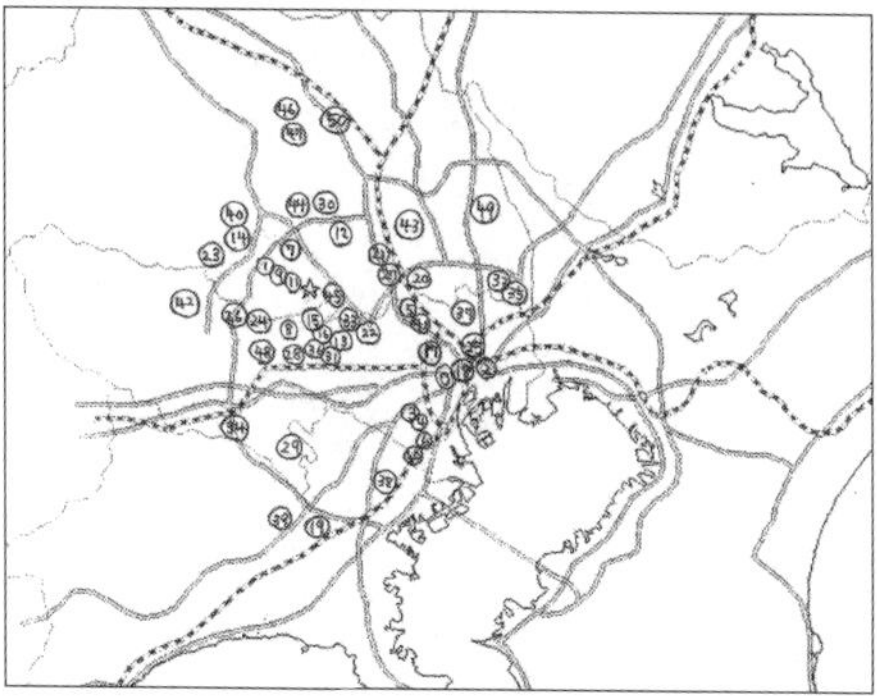

地図Ａ　初期山田マップ（全51店、1971年頃）

地図Ａは、東京を中心とする関東の地図に、出店数五一店舗（本店を除く）までを番号順に落とし込んだものである。0（銀座店）、2（水天宮店）、3（武蔵小山店）、4（戸越店）といった若い番号が、都内にあるのがわかるだろうか。数的には地元所沢（星印が本店）を始めとする埼玉県や、東京の多摩が多いのだが、23区内にも積極的に展開している。まだ大きな工場も持たなかった山田が、麺を売ってナンボとはいえ、どうして距離の遠い23区内を重視したのか。日持ちのしないうどんをおいしく食べてもらうため、顧問が深夜、クルマを運転して届ける苦労までして。おかしいじゃないか。山田はアメリカ視察で、日本のロードサイドの変化を予測し、かかし看板を回し始めたのではなかったか。

　理由はハク付けだったと推察できる。都内でもバンバンFC店ができている山田という実績がぜひと

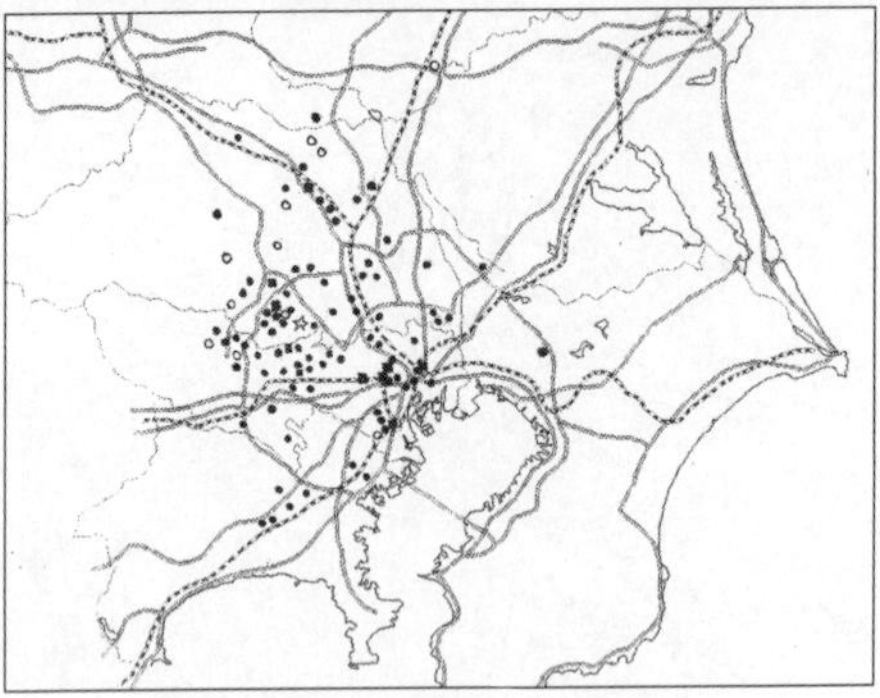

地図B　FC拡大期（全101店、1974年頃）

も必要だった。いまだったら新宿や渋谷なのかもしれないけれど、当時は日本橋や戸越あたりが名を知られた繁華街だったのがおもしろい。こういう出店をしたせいで、都内にも店が増えたけれど、まぁどうせ顧問がクルマを出すんだからついでに届けとけ、くらいの感じだったんじゃないかなあ。本命は地元周辺だったと思う。六〇年代後半の所沢周辺や幹線道路沿いは全然開発されておらず、畑が広がっていた。土地持ちの農家こそ、FCオーナー候補。山田うどんは将来性のある会社だと信じてもらえなければ契約にはこぎつけられない。それには都心での実績がモノを言ったのではないだろうか。

この戦略は功を奏したのか。一〇一店舗目までを落とし込んだ地図Bを見ると、都心と所沢周辺という基本ラインを残しつつ、神奈川県や埼玉東部まで勢力を拡大していることが分かる。23区内への出店数は激減し、郊外へとターゲットを絞り込んだのだ。要因としては、初期の出店効果でFC希望者が増えたこともあるだろうが、やはり意識的にそうしたと考えるのが自然だ。

流れが軌道に乗ってきたのは七〇年からで、この年に一四店舗がオープン。以後、七一年一六店舗、七二年二二店舗、七三年二一店舗と怒濤のラッシュ。山田は一気にFCの雄となり、FC数は七〇年代後半までどんどん増えていく。

ちなみに、ぼくが高校時代に初めての山田体験をした日野店は七四年の開業で一〇二店舗目。山田が血気盛んにFCを増やしていた時期に当たる。メニューがうどん、そば以外に少ししかなく、とてもそんなパワーは感じられなかったのだが、じつは飛ぶ鳥を落とす勢いだったのだ。

五二～一〇一店舗で注目したいのは、新事業としてラーメン店（カントリー・ラーメン）を始めていることだ。第一号は埼玉県川越市の霞ヶ関店。七二年のことである。一三店舗も作っており、うどん屋を本業としつつも、それだけに満足せず、ライバルの多いラーメンに進出したところに、伸び盛りだった山田の自信が窺える。ラーメンはうどんと比べて日持ちがしたことから、うどんのように毎日配送する必要がなく、その点でも有利だった。FC獲得の布石として使った後、うどんに関してはさっぱり出店しなくなった23区内だが、池袋、新宿、神田などにカントリー・ラーメンの店を出している。郊外をうどんで攻め、都心はラーメン。ここにきて山田のFC戦略は華麗なる二重奏となるのだ。

企業としては武器を二つ手にしたことになり、そうとう張り切ったことだろうとぼくは思う。うどんが不振でラーメンに手を出したのとは違うのだ。うどんはFC店が順調に増え、目論見通り。それに飽きたらず、ニューヨークでの実績（ラーメン「TARO」を開き好評を博した）を踏まえ、満を持して乗り出していった感じがする。ラーメン店はライバルも多いが、人気も高い。手応えは十分だった。

浮き彫りになった山田地層

勢いにのる山田がカントリー・ラーメンの店を急激に増やしたのは、七六年から七七年にかけてだ。研究に取り組んだ結果、スピーディーかつ安定した麺を店で作れる機械「ラーメンクッカー」の開発に成功したのである。この二年間で、山田はなんと七九店舗もオープンしているのだが、そのうち三五店舗がラーメン。

地図C、カントリー・ラーメンの分布図にはうどんと違う特徴が浮き彫りになって

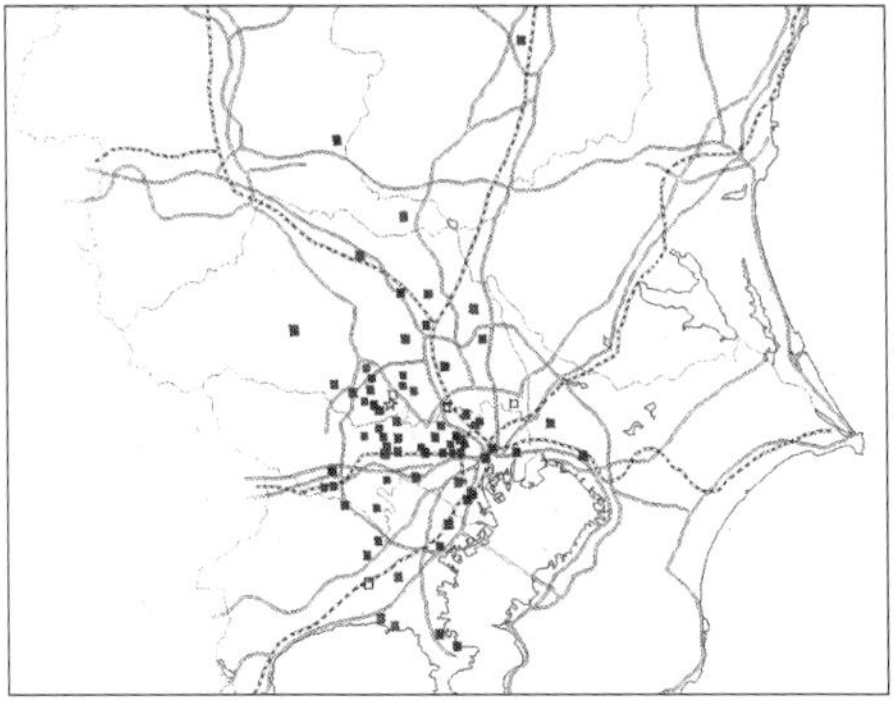

地図C　ラーメン店マップ（1977年頃）

いる。都内中心なのだ。そしてこの地図はＡによく似ている。山田は初期のＦＣ獲得同様、新宿や池袋の都心店をいわば象徴的に使ってＦＣ拡大を図ったのではないだろうか。

カントリー・ラーメンはうどんほどの大勢力には至らず、Ｃの形以上には郊外に広がらなかった。ぼくはここに、郊外の激烈なラーメン戦争を想像する。うどんの優しい味と労働者に受けたセットメニューは他の追随を許さない強さを誇ったが、うどんをメインに扱う外食チェーンが少ないというメリットもある。だが、ラーメンはそうじゃない。うまければ個人店でも十分に太刀打ちできる、味本位の世界だ。ラーメン好きはこだわり派も多く、安い早いだけでは満足させられない面もある。さらに、うどんは地方豪族がそれぞれの地元に留まって商売をするが、ラーメンは覇を競う食べ物。七〇年代といえば札幌ラーメンが全国制覇を成し遂げ、日本中を席巻していた。

店によってバラつきはあるとしても、全体として、カントリー・ラーメンは苦戦を強いられたのではないだろうか。思ったほど儲からないからFC希望者が年々減り、八〇年代初頭には、山田も本業であるうどんに立ち戻る時期を迎える。

「引け、引けーい！」

故・会長の号令が聞こえてくるようだ。

現在、カントリー・ラーメンの看板を掲げた店はひとつも残っていない。その後もたまーにラーメン店がオープンするが、おそらくそれは、かかしのラーメンだ。

その節目を、八二年の中央林間店開業としよう。ここから何年も店は続いていくのだけれど、山田から見たら、FCはここまでにしとこう、である。方針が変わるのだ。バック・ツゥ・所沢。都心の出城はあきらめ、守りを固めよ。初心に戻り、いざ郊外へ。

そのことは、FCから直営店への業態チェンジを意味した。

そうだったのか……。

ぼくもえのきどさんも、うどんとラーメンを個別に考えたことはなく、いつも山田全体として流れを見てきた。しかもカントリー・ラーメンにはそんなに馴染みがない。

だが、こうして棋譜を追ってみると、山田が都心から消えていったのは、ラーメンの伸び悩みがきっかけだったようにも思える。都内でハク付けして郊外に大進出する手法が、ラーメンでは行き詰まってしまったのだ。

ＦＣには問題点もあった。どうしても店ごとに味の違いが出てしまうし、勝手なメニューを考案したりして本部の言うことを聞かない店があったり、なかには支払いの滞る店もあった。山田の人さえ味の違いに閉口したというから、現在四〇代くらいで「山田うどん＝まずい」のイメージを持つ人は、運悪く熱意に欠けるＦＣ店で食べた可能性が高い。

直営店なら本部で品質をキープできる。ＦＣビジネスからの転換には時間がかかるから、取り組むなら早いほうがいい。それが八二年頃ではなかったのだろうか。

もともと山田の狙いは地図Ｂにあり、Ａの都心攻めはそのための布石である。軌道に乗りさえすれば、問題はＦＣの総数で、どこに店があるかではない。山田の客層を考えると、家賃の高い23区内、広い駐車場を用意できない環境はマイナスでしかないのだ。

時が経ち、23区内のＦＣ店はすべて消滅。直営の蒲田店だけが残っている（現在は閉店）。でもそれは、ロードサイドに光を灯してきた山田からすれば、八二年から予

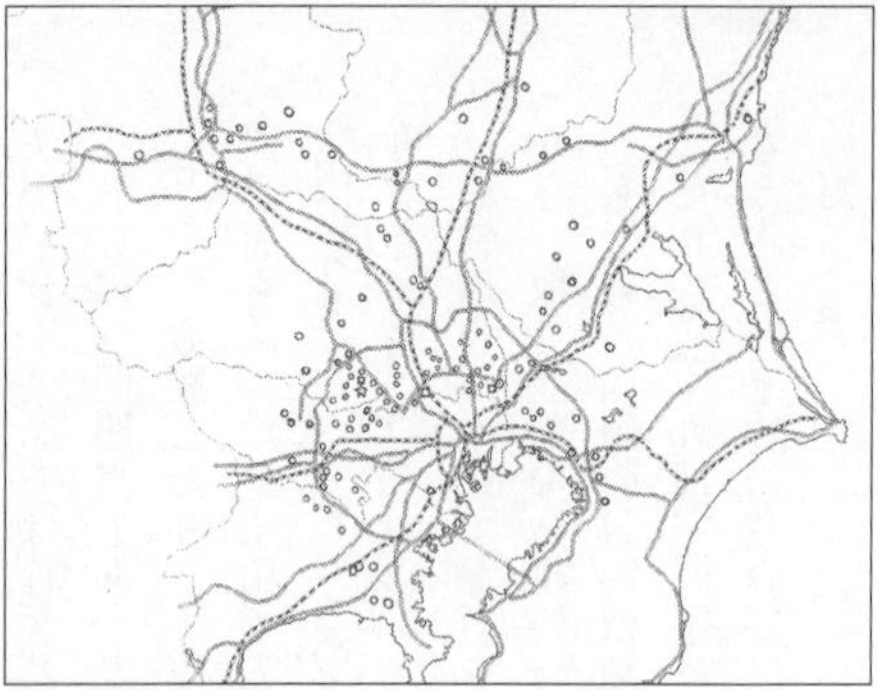

地図D　2013年の山田マップ

想できた未来なのかもしれない。

　地図Dは二〇一三年の山田マップ。見事に都心に店がなく、周囲を取り囲むような配置になっている。この地図に変化が現れ、山田が再び23区内に出店するとすれば、従来のガッツリ路線とは一線を画す、まったく新しい店舗を立ち上げたときになるだろう。

　店舗数が多すぎて図にできなかったが、地図Dに、かつてあった山田の店舗を重ねてみたら興味深い結果になった。23区内にひとかたまりの山田遺跡が現れるのは予想通りだったが、もう一群、いま密集している埼玉のベルト地帯の外側に、古い地層のようなエリアが出現したのである。それは郊外になりきれなかった郊外だ。

　幹線道路でも、うまく発展して交通量の多いロードサイドになったところと、そうでないところがある。ロードサイド店舗の集客力は、そこを走るクルマの量である程度決まってしまう。営業中の店舗しか目にしないぼくたちは、山田の光しか見ていないのである。

が、山田考古学にとって大切なのはむしろ闇の部分だ。消滅していった店たちを歴史に埋もれさせたままでいいのか。まあいいんだろうけど、消えた店があるから現役店の輝きがあるとはいえまいか。

見上げてごらん夜の星を。そこに見えている星だけがすべての星ではないのだよ。じっと目を凝らせば、ほら、闇の中にかすかな光を感じることができるだろう。

山田遺産ツアーに出発

消えた山田店舗はいまどうなっているのか。都心を始めとする多くの店は、別の店や建物に生まれ変わっているだろう。だが、すべてがそうとは限らない。山田の痕跡を残す物件＝山田遺産が存在しているかもしれない。いや、きっとあるはずだ。

「じつはひとつ知っています。通勤ルートに、もう営業していない中華屋があるんですが、山田の匂いがするんですよ。至急、グーグルマップで確認してみます」

その晩、江橋さんからグーグルマップの現地写真が送られてきた。一見、何の変哲

シンプルなメニューが初期の証。

もない中華屋に、なぜか〝うどん・そば〟の看板が写っている。書体が山田そっくりであること、中華屋らしからぬメニューであることから、元山田だった可能性が出てきた。

　翌日、江橋さんからべつの店の写真も届いた。こちらは明らかに元山田。壁面にうっすらとかかしマークが見えている。

　すぐに現地に行くべきだ。グーグルマップはいつ撮影されたものかわからず、いまもかかしが浮き出ている保証はない。壁を塗り替えたら、二度と再び目に触れることもなくなってしまう。

　江橋さんに電話し、急遽ツアーを組むことにした。メンバーは、ぼくと江橋さん、営業推進部の細田佑太さんの三名。細田さんは江橋さん唯一の直属の部下なので、山田遺産発掘プロジェクト全員が出動ということになる。ツアーは日中しかできないから、社長に事の重要性を説いて、営業時間内の外出許可を得た。

　地元出身の細田さんのナビいらずの運転で、狭山市にある元山田・入間川店に向かった。道中、それほど交通量が少ないとも思わなかったが、交差する幹線道路で折れる車が多く、次第に寂れたムードになってくる。入間川店ができたのは六九年。その頃は将来を嘱望された道路だったんだろうなあ。いまは住宅こそたくさんあるが、ロードサイドに華がない。

「ここですね」

　外壁が木で覆われた古めかしい建物の前でクルマが止まった。「松華亭」という二階建ての店だ。道路の手前から外観を撮影し、近寄ってみると、問題の「うどん・そば」があった。きつねとたぬき、その下に赤い字で餃子が強調されている。いかにも山田だ。住所的にもここで合っている。入間川店はあるとき、山田から松華亭に衣替えして営業を続けたと察せられた。

「いかにも中華屋の名前ですが、うどんも出したんですかねえ。そのうどんは、どこのうどんだったんでしょう」

　江橋さんは首を傾げている。中華とうどんは矛盾しすぎな上、そばまである。看板外し忘れたか。それはないよな。むしろ松華亭は何でも屋だったと考えたいところだ。

昔のＦＣはルーズだったろうし、山田もうまく御せず、名前を変えても麺を卸していたとは考えられないか。ＦＣオーナーはメニューを増やし、客を呼び込みたかったのだ。工夫の甲斐なく店は流行らなかったんだけどね。

「オーナーは土地持ちで、そのままにしてあるんでしょうね。電気のメーターは廻ってないです」

ポストを覗くとガスの請求書がきていた。オーナー名は変わっていない。建物の傷み具合から判断して、店を閉じてからヘタすれば一〇年以上経過していそうだ。ここをどうにかしようとする気配が一ミリも感じられないところを見ると、うどん・そばの看板もろとも、静かに朽ちていく運命なのか。合掌。

つぎの元山田は埼玉県比企郡にあった七二年開店の小川町店。県道11号線沿いで、八高線が付近を通っている。めっきり交通量が落ち、ファミレス的なロードサイド店は皆無。あるのは昔ながらの食堂系の店やラーメンショップで、七〇年代には元気だったかもしれないが面影はなく、つぶれてしまった店が目についた。この立地で八〇年代、九〇年代を乗り切ることは至難の業だったと思われる。

「出ました。あります、かかし」

うわ、本当にあった。グレーがかった壁にうっすらと、かかしマークが残り、下に

なぜ上まで手を入れなかったのか？

山田うどんの文字。まぎれもない山田遺産である。この写真でうまく雰囲気伝わるかなあ。かろうじて見えているんだよ。この建物は以前、山田でありましたと、かかしが訴えている。

私はもう、商売できなくていい、壁のかかしでいい。だからどうか、塗りつぶさないでください——。

隣の材木工場の敷地内にあるので、ここの所有する物件と考えられた。

「あ、グーグルマップと違いますね。外壁の下がきれいになってます。なぜ上もついでに塗り直さなかったのか、かかしマークが可愛いから残そうとした……はずはないですよね。残っていたのが奇跡的に思えてきました」

江橋さんが感激している。予算の関係か、一階を事務所に使おうとしてその部分だけ手を入れたのか。う〜ん、かかしが透かし彫りみたいになってるけど、目印代わりになるか。だとしたら、素晴らしい現実主義である。いずれにせよ、我々は危ういところだったのだ。

嗚呼、幻のパンチうどん

店舗リストから遺跡を探し当て、遺産を目にした。山田でなくなってもなお、山田の名残を残す元山田が実在することがわかり、メンバー三人は上機嫌である。こうなると気持ちの余裕ってもんが出てきて、まっすぐ会社に戻るのがもったいなくなってくる。

「もう一軒行ってみますか？　痕跡はないんですけど、建物が残っている店なら知っています」

細田さんは、アンコール曲（音楽じゃないけど）として日高店を指名。七〇年開店の初期山田店だ。

ここは小川町とは違い、住宅地として発展した地域だったようだ。幹線道路としてはいかにも弱く、現在は付近を圏央道が走るようになって、主要ルートから外れている。閉店はやむを得ないと素直に思えた。

建物は、山田以後、何かに使われたのか、わりに新しい装い。住所が一致しなければ元山田と気づかない。しかし、広い敷地の奥に建物がぽつんとある〝プロポーション〟はただだっぴろい駐車場があったことを喚起させ、山田者にはピンとくる。

「事務所として使われたんですかね。山田の後もほったらかしじゃなくて、改装されてますね」

そういえば、二階には屋根までついていて、山田の気配は消されている。おれはもう山田じゃないんだ。第二の人生を踏み出し、今度こそ幸せになるんだ。そのように主張していると取れなくもない。別路線生き残り型の遺産である。

夢破れたんだけどね。電気メーターが止まり、人が住んでいる様子もない。ただ、土地が広いので、いずれ何かに利用されるチャンスは残されていそうだ。日高市や狭山市は東京のベッドタウンとして人気があり、アクセスも悪くないので、あきらめるのは早い。がんばって欲しい。合掌して立ち去ろうとしたそのとき、建物の裏から江橋さんの声が聞こえた。

「トロさん、すごいものがあります」

駆け寄ると、江橋さんが地面を見つめて放心している。そこには泥をかぶったメニュー板が四枚転がっていた。

プロジェクトメンバーを感激させた日高店化石群。

パンチうどん　そば　２２０円
カレーうどん　そば　２４０円
カレーうどん　そば　２１０円
ひやむぎ　　　　　　２３０円

化石だ、化石が出土した！　山田うどんが営業をやめ、荷物が運び出されたとき、無造作に捨てられ、そのままになっていたのだろう。江橋さん、パンチうどんって知ってますか？

「いえ、初めて見ました。ひやむぎを出していたのも知りません。パンチうどんが２２０円ということは、たぬきは１３０円くらいですね。そうとう前の時代です」

カレーうどんが２１０円と２４０円の二種類ある。値上げしても商売をしていたが、つぎの値上げまで持ちこたえることはできなかった。たぬきが130円……ぼくが高校時代に食べていた値段がこの程度か、もう少し高かったか。そこから推理すると、七〇年代半ばまでには閉店したと考えられる。

何年かそのままになった後、捨てられたのだとしたら、三〇年くらいは雨に打たれ、風に吹かれ、屋外で過ごしてきたんだなあ。泣ける、泣けてくるよ。

江橋さん、これは山田考古学的に貴重な発見だ。長らく捨てられていたのだから、誰にも所有権などないだろうし、山田が店に提供したものでもあるのだから、持ち帰ったとしても文句はでないはずですよ。山田で大事に保管するのが、いちばんの供養になるでしょう。

「そうですよね。泥を拭きとってきれいにしてあげたいです」

狭山駅まで送ってもらってクルマを降りた。ツアー出発時に降り始めた雨は、いつの間にかさっぱりと上がっていた。

（MAP作成・木村カナ）

国道50号線・山田うどんの旅

北尾トロ&えのきどいちろう

●えのきどいちろう

国道50号線・山田うどんの旅。それは北尾トロと僕に残された最後のロードであり、通過儀礼でもあった。関東に一八〇余の店舗を展開する山田うどんが今、最も重要視している国道はどうも50号線らしいのだ。つまり、もはや埼玉県の枠内ではない。戦略ロードだ。

国道50号線は群馬県前橋市に始まり、栃木県央を通って、茨城県水戸市へ至る北関東横断道路なのである。途中、関越道、東北道、常磐道と三つの高速道路と交差する。これが山田うどんにとってどう重要かというと、トラック物流の大動脈を成している。例えば東北道から関越道へ抜ける大型トラックの運転手さんがふと空腹を覚えたとしよう。そこに山田がなくてはならない。かかしが廻ってなくてはならない。国道50号線には一五キロ～二〇キロ間隔で重点的に山田うどんが配備されている。店数にすれば九店舗だが、全体の距離を考えれば山田また山田そして山田さらに山田と二〇分、三〇分おきに店舗がやってくるイメージだ。

そのホットな山田国道を走破したい！　これは「山田を志す者」として自然な感情ではないか。「山田をたしなむ者」でもいい。トロさんと僕は苦手な朝起きを苦にもせず、まず関越道を北上、国道50号線の始点・前橋市本町一丁目を目指した。前橋インターを下りて、なにげなくアイフォンで店舗検索をかけてみると、「山田うどん」がぞろぞろ出てきて仰天する。読者よ、国道50号線ロードサイドの九店舗だけじゃないんだ。「山田うどん前橋南インター店」をはじめとして、付近に店舗がひしめいている。

「トロさん、埼玉だけじゃないんだね。関東のうどん文化と重なるようにして、山田は地下茎を伸ばしているよ」

「そうそう、山田は重層的な存在だからね。単にトラック野郎の憩いの場だと思ってたら見誤るよ。お、ここが50号の起点だ」

万感の思いをのせて山田ロードの旅が始まる。僕は『あしたのジョー』のマンモス西の話をした。ボクシング漫画の頂点ともいえる同作品のなかにうどんが登場するシーンがある。矢吹丈が宿敵・力石徹と対戦する直前だ。減量を苦にしていた丈の同僚、

山田を探して、ついにここまで来た！

マンモス西が夜、こっそりジムを抜け出して夜鳴きうどんを食べに行く。丈はそれを見つけて「このうどん野郎！」とぶん殴るのだ。殴られたマンモス西の口からうどんがぶわぁ～と出る。力石は丈との対戦を実現するためにストイックな減量を続けているのに、お前は何て野郎だ。トロさん、僕はこの「うどん野郎」がショックだったんですよ。僕は人生の「うどん野郎」ですよ。マンモス西ですよ。

そうこうしてるうちに最初の「小島田町店」（前橋市）が見えた。おお、小粋な茶色系の配色。これを僕らはブラウンタイプと呼ぶことにした。交差点を正面にした、斜めレイアウトが店舗配置のニューパターン。お昼どきで店内は活気があった。トロさんはやる気まんまんだった。このロードのために昨夜から何も食べてないという。メニューを見て、親子丼セットに行きそうな気配なので止めた。だって

小粋な茶色系・小島田町店。

まだ八店舗ある。今、セットメニュー行っちゃうと後が苦しい。今はうどんで様子を見るときだ。うどん野郎の忠告だ。

トロさんはすんでのところで冷やしたぬきうどんへ回避、僕は意外性を狙って天ざるから入る。一体、今日一日で何食うどんを食べるのか。

「小島田町店」を後にして、群馬県を行く。さすがに国道50号はトラックが多い。ロードサイドは全国チェーンのコンビニ、ケータイ会社、スーツ量販店、パチンコ店、それから外食店が激戦を繰り広げている。「ここは戦場だなぁ」とトロさんがつぶやいた。ホントにそんな感じだ。ＴＳＵＴＡＹＡが見当たらないのが面白かった。コンテンツ関係は「男のＤＶＤ」という店に何度も出くわす。あと外食だと焼肉食べ放題店がやたら多い。

ちょっと沿道が地味になってきたと思ったら「赤

オールドタイプ・赤堀店。

堀店」（伊勢崎市）に出くわした。やっぱい、二〇分しか経ってない。ここはオールドタイプ。小さな緑色系の山田うどんだ。回転看板が静止している。今回まわった九店舗のうち、回転看板が止まっていたのはここだけだった。電気を切ってあるのか。古くて廻らないのか。

店内は昔ながらの和風ダイナー。ついさっき食べたばかりなので、ここではアイスコーヒーだけを注文した。まぁ、山田は喫茶店としても使えるってことだ。先は長い。きつい旅だぜ、と永ちゃんの歌が頭に浮かぶ。トロさんはコーラと磯辺焼きを注文したのだが、山田うどんのコーラはちゃんとビンからコップに注ぐ。サーバーじゃないから旨いのだ。ここら辺も山田アメリカニズムの名残りだろうか。

「赤堀店」では、会計のついでにトイレに寄って大変なものを発見してしまった。落書きだ。小用便器の右上にボールペンの文字で「ここの山田うどん美味しくない」。すごいな、トイレの落書きって大のほうに書いてないか。何故？　誰が？　いつ？　まぁ、普通そんな落書きは発見し次第、お店の人が消すだろうから今日書かれたばかりだと思いたい。

僕は「赤堀店」でうどんを食べなかったことを猛烈に後悔した。

「赤堀店」を後にして、車中は落書きの話題で持ちきりだ。「ここの山田うどん美味しくない」。「ここの」が気になる。

「僕は熱烈な山田ファンと見たね。あちこちの山田を食べてきたトラック野郎が、ふと立ち寄った赤堀店で、おやっと首をかしげる。ここの山田うどんは何かが違う。単にゆで過ぎかもしれないし、足りないものがあったのかもしれない」

「トロさん、いずれにしてもその男にそこまでさせたうどんが食べたかったですね」

「会計済ませちゃった後だからなぁ」

山田ロードは続く。今度は「太田50号バイパス店」（太田市）。ここも小さな店だった。和風ダイナーの作り。入るときレジ奥に「千原せいじ様　7月4日に来店されました」という紙とサイン色紙が飾ってあって笑ってしまった。ロケの途中で立ち寄ったのだろう。

この店は洗い場の目かくしにかかしマークの擦りガラスが使われていて、古き良き山田を感じた。このガラスは新しい店舗ではもう見られない。「いい仕事してますね」なんてケータイで撮影してたら、ちょっとお店の人に警戒されてしまった。大体、僕らは山田へ入って山田うどんの話しかしない怪しい客だ。で、帰りの会計は社長さんの取材のときいただいた「山田うどんお食事券」で済ましている。さっきもバイトさんが初めて見るお食事券に戸惑っていた。しかも、その券には「山田」と社長さんの印鑑が押してあるのだ。

「太田50号バイパス店」では男性店員に深々とお辞儀をされてしまった。僕らが店から出るまでお辞儀が崩れない。これは何だかわからないがまずい。本社から来た覆面チェックマンと思われちゃっただろうか。

「いや〜トロさん、僕ら山田の話、しすぎてますよ」「うん、まずかったね。あれは警戒させちゃった感じだね」と足早に広大な駐車場を急ぎ、次へと向かう。クルマに乗り込んでトロさんが「だけど、同じ山田はひとつとしてないんだな」と言った。僕もそう感じていた。チェーンなのに店舗に個性がある。これがマクドナルドだったら大体みんな同じだろう。次はどんな個性に出会えるのか。

県境を越えて栃木県に入った。僕は日光アイスバックスというアイスホッケーチームのスタッフを務めてる関係で栃木に土地勘がある。北関東のなかで圧倒的にホーム感があるのだ。例えばクルマは足利市へ入ったが、足利特別支援学校にはアイスバックスの選手がたびたびお邪魔している。足利市在住の熱心なファンの顔もすぐ思い浮かぶ。その足利にも山田うどんがあるのだ。

その店、「福居店」（足利市）は驚くほど他と違っていた。店内いたるところにハロウィンディスプレーが施されているのだ。まぁ、そういう取材時期だったのだが、それにしても店内が一変している。ディスプレーは手作り感覚のもので、尋ねてみたら主婦のバイトさんが飾りつけたそうだった。これは気分が変わってうどんがすすみますねぇ。ていうか、山田って自由だなぁ。こんなに個性を打ち出していいんだ（なお残念なことに、二〇一二年一〇月いっぱいで閉店した）。

★北尾トロ

栃木県に入ってから、国道沿いの風景が明らかに変わった。あれほど林立していた看板が減り、街と街の間は田園風景が続くのだ。穏やかな区間があり、やがて店や看板が増えてきて、集中的に飲食店などが現れ、しばらくするとまた静かなエリアに戻る。にぎわうのは主要な駅に通じる交差点や、50号線と幹線道路がクロスする一帯で、足利なら293号線、小山は4号線。とてもわかりやすい構造になっている。

このメリハリは、東京から地方へ、縦に伸びる国道にはない。縦断するときは徐々に変わるものだが、50号線はいきなり切り替わるのだ。これは貴重。高速道路である北関東自動車道を走ってちゃ、この唐突さは味わえない……、国道マニアかよ！

とにかく、言いたいのは関越道と常磐道を結ぶように群馬、栃木、茨城の三県をダイナミックに横断する50号線が、貴重な北関東の動脈であること。役割は物資を運ぶこと。ドライバー諸氏を楽しませようなんてサービス精神はゼロだ。疾走するトラックも心なしかサイズがでかくなり、ブイブイ飛ばすものだから迫力満点。それに合わせ、店舗の駐車場も笑っちゃうほど広くなる。コンビニにトラック専用のスペースがいくつも備わっているからなあ。埼玉辺りでは目立っていた山田の特大駐車場も、ここでは標準サイズだ。

でも、飽きるのも早かった。現れる飲食店が巨大チェーン店だらけなのだ。ハンバーガー、牛丼、ファミレス。定番メニューのように同じ店ばかり出てきて、にぎやかなわりに活気がない。

「全国どこでも見られる、典型的なロードサイド風景だね」

ハンドルを握るえのきどさんも退屈そうだ。どうしてこうなっているのだろう。50

号線は新しい道路ではない。前橋—水戸がつながってから半世紀近く経過している古株が、全国ネットのチェーン店群に支配されているということは……。

勝負がついたのだと思う。栃木県にもかつては地元の豪族が数々いたと思うのだが、資本力に押され、あるいは客が都会風のセンスを持つ新規チェーン店を選び、古い店は消えてしまったのだと思う。

なぜか。巨大チェーンが地方と都会を結ぶ〝食の大動脈〟だからではないだろうか。巨大チェーン店が提供するのは、その地方の味付けや食習慣とは縁がない均一の味とサービスだ。佐野や小山のマクドナルドは銀座や青山のマクドナルド、いやニューヨーク店ともつながっている。そういう安心感を日本中が求めた時期があり、多くの場所でそれが定着。かくしてロードサイドは金太郎飴になってしまった。

そう考えると、メジャーとローカルが乱立していた群馬県がすごいエリアに思えてくる。走っているときには「バイキング」「大盛り」「男」といった極太文字が踊る看板に反応したけど踊らされていたのはこちらなのだ。思い出せば、僕たちが「群馬は欲望むき出し」とか、「やけに店名にヒネリがない」と爆笑していたのは地元資本と推定される店ばかりだった。あれは、地方豪族たちが束になって巨大チェーンに立ち向かう姿じゃなかったか。キーワードは「気取ってんじゃねーよ」だと思う。あのむき出し感は、スマートな巨大チェーン店に対抗するためのやむにやまれぬ手段なのかもしれない。

群馬の50号線で、雌雄を決する戦いが繰り広げられている。しかも長期戦になっている。僕たちは立ち枯れた木のように放置されているドライブインやパチンコ店を何軒も目撃したのだ。本来であれば、つぶれた店を撤去して店舗を出したいところだが、その隙に他の良い場所を取られちゃならないから、そのままにして最前線のキープにつとめる。おのずと看板も店名も尖ったものになり、飲食店エリアとしてのレベルは高くなる。

まさに総力戦、捨て身の群馬豪族だ。50号線を行き来するドライバーたちは、そのことをよくわかっているに違いない。実際、「おおぎやラーメン」など、これでもかというほど出店しているところもあって、巨大チェーン店何するものぞの気概を見せつけていた。

そうとも知らず笑ったりして、僕たちは群馬県に謝らなければならないなあ。

そうなると、いよいよ山田の役割は大きい。県をまたいでコンスタントに出現する地方豪族は山田くらいしかないのである。が、地域性を反映するのだろうか、ハロウィンの飾り付けに唸ってから、これといって特筆すべき点がない。ブラウンタイプは影を潜め、旧型店舗が連続する。50号線以外でも栃木県や茨城県は手薄で、山田パワーが届き切っていないようだ。そのせいか、淡々と営業はしているのだけれど、巨大チェーン店に押されて意気消沈しちゃってるんじゃないかと思わせる店もあった。関東は広く、さしもの山田も包囲し切れていないように思う。

夕暮れが近づき、車は茨城県に入った。日が短くなったと話しているのが田園地帯だったため周囲はすっかり夜の気配だ。この日、初めて時間が気になった。まだ七時か。深夜みたいな気がする。結城市の山田で空腹でもないのについミニ玉子丼セットを食べてしまう。山田三食目である。いちおう僕らなりに気を使い、どちらかが食事をして、ドリンクだけの注文にならないようにがんばっているのだ。

が、八店舗目、岩瀬店（桜川市）では記録を更新しなかった。ラストの笠間50号バイパス店（笠間市。現在は閉店）が控えているからだ。セットメニューでフィニッシュしたい……。あ・うんの呼吸ができていた。

笠間50号バイパス店は巨大チェーン地帯から少し離れた場所にある。栃木県に突入してからは激戦区に身を置きがちな山田だったのだが、ここは久々のポツン店だった。蕎麦屋か和風レストランを思わせる建物を居抜きで使っている風だ。これは本気度が低い店かと疑ったのだが、入店した途端にそうじゃないとわかった。うまく言えないが、空気に張りがある。

山田の空気を決定づけ、他と区別するもの、それは店員だと思う。山田は女性スタッフが多く、中心となるのはおばちゃんたちだ。たいていは既婚者だろう、年齢的にも人生のベテランに差し掛かっている。それなのに、山田のおばちゃんたちは妙に初々しい。栃木に行けば栃木の、茨城は茨城のことばで接客し、ちっとも均一化されていない。張りのある店の共通点は、誰が店長で誰がバイトか見分けがつかないことだ。

前橋を出てから約七時間。完走を果たした僕たちには充実感がある。「オレたちはやったよ。とにかく、50号線を体感したよ」

えのきどさんが入念にメニューを見ている。ここ二店、アイスコーヒーでしのいできたのだ。くる。セットメニューがくる。僕も負けていられない。完食は無理でも行くしかない。

「野菜炒め定食。セットはそばにしてください」

「トロさんそうきたか。僕は……カツ丼セット!」

ぐわ。どこにそんな余力が。この後、東京に戻らなければならないというのに大丈夫なのか。

いや、止めるのはよそう。気持ちだ、気持ちで食う。そういうことだ。

「いただきます！」

えのきどさんがハイペースで丼を掻き込む。どう見たって腹ペコ野郎のふるまいだけど、本日、山田四食目である。僕は野菜炒めこそ平らげたが、そばと飯の炭水化物攻撃に降参してしまった。でも悔いはない。

放心状態でしばらく休み、のろのろとレジに向かったそのときだ。えのきどさんが洗面台を指差しながらのけぞった。

「トロさん、あれ、あれ見て」

「え？　うわっ‼」

鏡の下、蛇口の脇に、山田うどんを特集した『レポ』最新号が立てかけられている。まさか笠間で『レポ』に出会うなんて。やった、やった。もう僕たちは大騒ぎだ。知ってますか、この雑誌作ったの僕らですよ、表紙の白衣は元会長のご遺族から形見分けでいただいたものですよ、とおばちゃんに言いたいくらいだった。

『レポ』最新号は、山田にのめり込んだぼくたちが作った特集第二弾で、山田とのつき合いが始まってからのもの。出来上がりを見た社長から、社員に見せたいからと注文を貰ったので、店にあってもおかしくはない。でも、これまで八店舗にはこんなのなかったのに、どうして最後の店に……。

「会長がさ、僕らが50号線をやりきって笠間店にくるのを待ってたんじゃないかなあ」

えのきどさんが言う。そうだ。ヨッ、ご苦労さんって肩叩かれてるんだ僕たちは。おもしろい本作れよって。

外に出ると、馬鹿でかいトラックが駐車場に入るところだった。運ちゃんに聞いたら積載重量三二トンもあるらしい。

「削石機積んでるから、うんと重いよ」

「駐車場でかいと助かる?」

「そうだね、大洗で現場やってるから、ここへはよくくるよ」

運ちゃんはこれから晩飯食べて家に帰る。僕らもそろそろ出発だ。満腹の胃袋を抱えて、後部シートに元会長を乗せて。

III

文庫書き下ろし

山田をまだまだ考える

アルカイック山田の時代

えのきどいちろう

1　ふじみ野店で「鶏ごぼう汁の相盛り」を堪能する

埼玉県の南西部、ふじみ野市からこの話を始めよう。読者はふじみ野市をご存知だろうか。池袋から東武東上線に乗って朝霞台、志木を過ぎた先に「ふじみ野駅」が所在する。

が、それはひっかけ問題なので安心してはいけない。

驚くべきことに「ふじみ野駅」はふじみ野市ではなく、富士見市に建っている。なぜ「ふじみ野駅」がふじみ野市にないのか。なぜ名称の著しく酷似した二つの自治体が隣接し、市境を入り組ませているのか。そして、そもそもそんなに富士山が見えるのか。他にはなんか見えないのか。

読者よ、そのような疑問が渦巻くふじみ野駅に降り立ったと考えてほしい。

気分はRPGだ。自分は「埼玉という迷宮」のとば口に立っているんだなぁとの思いを強くする。「ふじみ野駅」は一九九三年の開業に際し、富士見市、上福岡市、入間郡大井町、同・三芳町による二市二町合併運動中であったことから、公募により合併後の新市名「ふじみ野市」にちなんで決められたそうなのだ。が、合併は住民投票の結果、不成立となる。その後、二〇〇五年、上福岡市と旧・大井町のみが合併し、「ふじみ野市」を名乗ったため、話がややこしくなる。埼玉県に「富士見市」と「ふじみ野市」が並び立つことになった。

「ふじみ野市」の地図を見ると、複数の触手のようなものが伸びているのに気づく。市境が何だか変だ。いちばん大きな触手は映画『E.T.』の異星人の指先のように「ふじみ野市」内にピュ～ッと入り込んでいる。これは何かあったぞとRPGの冒険者なら思う。村人と「はなす」と、間違いなく一イベント巻き起こる（たぶん大井弁天の森の「べんてんどう」に棲みついた魔物に村長の娘がさらわれた、みたいなやつ）パターンだ。

さぁ、冒険の旅へ出発だ。村長の娘を救出し、「さくらのオーブ」をゲットしよう。さ違う。目指す場所は山田うどん食堂ふじみ野店なのだ。ふじみ野市大井一丁目。さっきから「旧・大井町」「大井弁天の森公園」と大井が頻出しているが、これは川越街道の大井宿の名残りである。ふじみ野駅から徒歩一九分の道のり。歩きたくない冒険者にはコミュニティバス「ふじみん」の利用を推奨する。ふじみ野駅西口から「ふじみん」（Cコース東原先回り）に乗って大井中宿下車。本数こそ少ないが、約一〇分で山田うどん食堂ふじみ野店の真ん前に乗りつけられる。

バス停の大井中宿には宿場町の面影がない。川越街道は交通量が多く、ロードサイド展開の外食チェーンがひしめく激戦地だ。そこに山田うどんのかかし君が微笑んでいる嬉しさ。あぁ、山田うどんは「埼玉という迷宮」に分け入った冒険者たちのHP、MP回復スポットであり、セーブできる祠《ほこら》のようだ。

平成三〇年七月末オープンの新しい山田うどんだ。昭和タイプの回転看板の代わりに、新店には台形の大看板が立っている。黄色に赤のかかし君。「ファミリー食堂山田うどん食堂」の文字。埼玉のソウルフードと呼ばれ、県民から愛される山田うどんの一店舗が目の前にある。

ところで何か感じないだろうか？　気づいたことはないだろうか？

あぁ、読者よ、ここからが本題なのだ。川越街道になにげなく展開する「山田うどん食堂ふじみ野店」。一見、何の変哲もない山田うどん、いつもの「だうどん」に見えるこの店舗こそ、世界山田史の一大転換点となったホットスポットなのだ。世界山田史は大きく「ふじみ野店以前」と「以後」に分けられる。受験で世界山田史を選択する人はここが重要なのでメモを取ってほしい。キーワードを挙げる。

アルカイック山田。

昭和一〇年、所沢で製麺業を始め、戦後の同四〇年にうどん店を開業したところから始まる山田サクセスストーリーが、平成の終わりにターニングポイントを迎えていた。それは実は、ここまで読み進んでくださった読者には既に開示しているのである。本文のなかに「そこに山田うどんのかかし君が微笑んでいる嬉しさ」という文言をそっと埋め込んでおいた。

山田の微笑み。

ご覧いただきたいものだ。山田うどん食堂ふじみ野店のかかし君は微笑んでいる(!)。これが世界山田史に特筆される「微笑む山田＝アルカイック山田」なのだ。はるばる東武東上線やコミュニティバス「ふじみん」を乗り継いで、川越街道までご足労いただいた理由がここにある。ここで山田は初めて微笑んだ。そのつもりで店舗正面のかかし君を見上げると鳥肌の立つ思いだ。笑っている。奇跡の微笑みだ。インド、ガンダーラ美術に影響を与えたといわれる古代ギリシアのヘレニズム文明。その写実的な仏像彫刻の特徴である「アルカイックスマイル」が、山田のかかし君に‼

そうなのだ、「ふじみ野店以後」の世界山田史は特に誰にも知られず、気づかれもせず「アルカイック山田の時代」を迎えていた。ロゴ変更だ。わからない。なぜか記ロゴデザインの変化。

者会見等を大々的に開いたりすることなく、よっぽど好きな人（僕である）にしかわからないビミョーさで、かかし君の口を「への字」から「ニッコリ」に変えていた。それも平成三〇年七月末の時点では、ふじみ野店一店舗だけなんである。わからない。全店舗いっせいにロゴ変更ではなく、ふじみ野だけ微笑んでるのだ。

昭和にデザインされた「への字山田」は何かこう、耐えているというか頑張っている感じに見える。それは所沢の「製麺所→うどん店」から発想を転換し、アメリカ型のドライブインレストラン、ダイナーを日本化することで店舗を増やしていった昭和・平成の山田うどんの頑張りそのものだったろう。が、平成三〇年、令和の改元まであと一年という端境期に突然、川越街道に「アルカイック山田」が出現する。

これはリニューアル店ではなく、新店だった。つまり、「アルカイック山田」はへの字→ニッコリと表情を変化させたのでなく、最初から微笑んで川越街道に誕生したと言っていい。

びっくり仰天するのは、その平成三〇年七月末のふじみ野店オープン以降、本稿執筆の令和四年九月末に至るも「への字山田」と「アルカイック山田」は共存しているところだ。これが山田うどんのすごいところだが、ロゴ変更に踏み切ったからといって全店舗いっせいには変えないのだ。新店、リニューアル店からじわじわと微笑んでいく。古くてもまだ使える店舗は、もったいないからそのまま「への字山田」を続ける。読者よ、ロードサイドで山田うどんを見かけたら、ぜひ口元を確認してほしい。もし、微笑んでいたらそれは「アルカイック山田」だ。僕の考えでは「アルカイック山田」が今後じわじわ拡大し、やがて「への字山田」を完全に駆逐したとき、日本は微笑みの国になるのである。全店舗の「アルカイック山田」がピーカッ、ピーカピカッと発光し、大空に巨大な微笑むかかし君が映し出される。人々はハイタッチして喜び合うだろう。ああ、たった今、コンプリートしたんだよ。これからはどんな夢も叶うというよ。わははは。わははは。

初めて山田が微笑んだ。ふじみ野店。

と、店頭で大笑いしていてもしょうがないので、妄想はそのくらいにして、ふじみ野店である。今回、伺ったのは九月一九日だったが、いきなりかかし君が手にカマを持ちハロウィンの仮装をしていて、ふじみ野店の自由度の高さに感心した。山田うどんは伝統的に店長さんの個性がそのままディスプレー等に反映されるところがある。本社はハロウィンキャンペーンの指示など出していない。僕はふと「アルカイック山田」の微笑みを解くカギは、コミュニケーション能力にあるのではないかと思った。昭和の「への字山田」は例えばこだわりのうどん職人のようだ。に対して「アルカイック山田」は明らかに客商売である。意識がカスタマーサービスや顧客満足度のほうを向いている。

それは大きなヒントかもしれない。と、ふじみ野店の「鶏ごぼう汁の相盛り」を食べながら考えた。ちょっと一般の方に説明するのが難しいが、山田は生そばを導入して以来、そばの売り上げが大変伸びている。そばは伸びていけないものだが、そばの売り上げは伸びていいのだ。伸びたほうがいいのだ。山田の生そばは大好評である。旨い。で、相盛りにすると山田の麺に対する独特のアプローチ「そばは生そば導入に躊躇ないが、うどんはあくまでゆで麺」が堪能できるのだ。

2　平塚大神店で日替わりセット（焼肉丼＋ざるうどん）を完食す

小田急線で海老名のりかえ、そこからJR相模線で門沢橋駅へ。何と無人駅だった。ふじみ野店でつかんだヒントを確かめるべく、僕は神奈川県のだいぶ向こうのほうまで来ていた。山田うどんは鎌倉時代の御家人っぽいというか何というか、「幕府は開かないタイプ」だ。根っからの地方豪族なのである。関東に根を張って全国制覇は目指さない。

それにしても平塚大神店を目指すとは自分でもびっくりしてしまった。クルマがあれば国道129号沿いなのだ。が、電車で来てしまった。まぁ、そのてくてく歩く感じがRPGでスライムとかドラキーを倒しながら行く気楽さにも通じるのだが、スマホ検索によると「門沢橋（JR在来線）四一分、愛甲石田駅（小田急電鉄）四八分、倉見駅（JR在来線）五一分」と駅から遠い。そんなに遠いとゴーレムくらい出てきそうじゃないか。

もちろん片道四一分の門沢橋駅を選んだ。もう四一分も四八分も大差ない気がしたが、こういうのは実際に歩いてみると一〇分一五分程度のロスタイムがつきものだから。マップを見ると門沢橋駅の所在する海老名市から相模川を越えて、厚木市、平塚市と越境するルートだ。ちょうど三つの市境のあたりなのだ。遠くに丹沢山系の山々が見える。こりゃ神奈川だ。「山田の道は一日にしてならず」という格言が脳裏に浮かぶ（そんな格言ない）。

目的地の「ファミリー食堂／山田うどん食堂」平塚大神店。世界山田史のなかで同店はユニークな存在だ。こちらも新店である。実は近くに以前も山田うどん平塚大神店が存在したが、そちらは閉店し、新たに別の場所で立ち上げた。オープンは平成三

平塚大神店。社内的にはアルカイック１号店の予定だったが、数日、笑顔が遅かった。

○年八月頭、つまり、ふじみ野店のオープンとタッチの差だ。そして僕が突き止めたところによると「アルカイック山田」は実はこの店舗でスタートする予定だった。ところが工事の遅れ等、人的要因が重なり、七月末オープンの予定がズレ込む。世界で初めて微笑むつもりが、ふじみ野店に先を越されてしまった。

（数日遅れの）世界で二番目の微笑み。

研究者として「アルカイック山田」初期の店舗は実見したい。僕は世界で一番と二番の微笑みに単独無酸素（うそ）で挑んだチャレンジャーである。そのために海老名市厚木市平塚市と歩きづめだ。すんごい遠い。トラックのびゅんびゅん行き交う国道を歩きながら、「当初の計画ではアルカイック1号店」

だった2号店がなぜ神奈川なのか考えてはじめていた。「埼玉のソウルフード」の歴史的転換点が神奈川になるなんて誰も想像しないだろう。

歩いて歩いてもう嫌になってきた頃、平塚大神店は姿を現した。おお、微笑んでいる。間違いなく「アルカイック山田」。外装の雰囲気がふじみ野店にそっくりで同時期の山田だと確信が持てた。では、コミュ力のほうはどうだろう。店先にハロウィンディスプレーは見当たらない。それよりも平日のお昼どきとあって店内は込み合っている。僕も含めて五人が順番待ち、店内では二五人くらいのお客さんがお昼を食べている。で、驚いたのだが、ほとんど全員が会社の制服なのである。トラックの運転手さん、工事現場のチーム。駐車場が広くて、作業車、大型車両が駐めやすいのだ。店側の女性はいちばんのかき入れどきにてんてこ舞いだ。だけど、見事にさばいていく。店出すのもかたづけるのも早い。僕はカウンターが空いたので座り、厨房の人が出しやすいかなと思って日替わりセットを注文した。焼肉丼とざるうどん。当然おなかが苦しくなったが、帰り道だって同じだけ歩くのだ。完食した。満腹満腹。

3　所沢の山田食品産業・社長室にて

「……という旅路があったのです。アルカイック山田の初期モデル、ふじみ野店、平塚大神店を実見してきました。山田経験値がだいぶ上がった気がしています」

僕は社長室に通され、山田裕朗社長、江橋丈広・営業推進部部長を前に「アルカイック山田」報告をしていた。何枚もの写真を突きつけ、「ほら、口角が上がっている」「これがアルカイックスマイルです」と指摘した。山田社長、江橋部長ともにかれこれ一〇年来の付き合いだ。西武ファンの山田社長とは何度もプロ野球観戦をご一緒しているし、江橋部長とは（北尾トロ、武田砂鉄とともに）グループＬＩＮＥでつながっていて、山田情報共有に努めている。

「それはお疲れ様でしたね」と社長。この人は僕ら山田研究者の話を聞くのが心底楽しそうだ。江橋部長は「日替わりセット、まだ行けますか？　さすがです」と僕の胃袋をまず褒めた。「社内的には平塚大神店がプロジェクト1号として走っているんです。でも、順序がふじみ野店のほうが先になっちゃいました。まさか両方行かれるとは……」。

僕は単刀直入に尋ねてみた。「山田社長、これは世界山田史上の大発見です。山田はヘレニズム文明の影響を受けたんですか？　いや、言い方を変えましょう。ふじみ野店の川越街道、平塚大神店の国道１２９号線はシルクロードと繋がったんでしょうか？」

社長のメガネが光る。「繋がってないと思います」。

僕が重ねる「では、ガンダーラではないと？」社長「ないと」

江橋部長が資料を出してきた。「新ロゴデザイン採用について」と題されている。

山田食品産業株式会社は、この度メイン業態である「山田うどん」「山田うどん食堂」のロゴデザインを変更いたします。平成30年7月にリオープンする平塚大神店より新ロゴデザインを採用し、既存店につきましても順次変更してまいります。

あぁ、社内的には平塚大神店が先行していたというそのままの文言になっている。

主な変更点が四つ挙げられている。

1、屋号の変更（統一）：（現在）「山田うどん」「山田うどん食堂」→（新）「山田うどん食堂」

2、業態名の追加：「ファミリー食堂」

3、かかしの変更：（現在）口がへの字→（新）への字を逆転し笑顔を表現

4、「山田うどん食堂」のロゴの「食堂」に「お箸」と「お椀」のモチーフを入れる

しまった、アルカイックスマイルに気を取られて、「食堂」に「お箸」と「お椀」が盛り込まれているのを見逃していた（！）。

社長が優しく声をかけてくれた。「スマイルを採用したのには、従業員一同笑顔でお客様をお迎えしたい、という思いが込められています。そしてファミリー食堂、山田うどん食堂としたのは、うどんだけでなく幅広いメニューをファミリー層にもお届

けしたいという考えからです。『食堂』がダブッてるんですけどね、強調する狙いです。元々、ラーメンやったりパスタやったり、うちはうどんだけじゃなかったんですよね」

今、勢いのある店舗は「平日はトラックの運転手さんや建築関係のお客さん、週末はファミリー層」と二刀流的な顧客層を抱えているという。僕は自分が見てきた二つの店舗を思い出した。なるほど二刀流が主力になっていくんだな。そしてファミリー層にもターゲットを広げるとき、スマイルが浮上してきた。ヘレニズム文明は関与していない。

江橋部長が笑いながらつけ加える。「正直、えのきどさんが訊いてくるまで誰もそこに突っ込んでくれなかったんです。だから、ロゴマークの変更について説明する必要がなく、正確にいつの会議でいつ決まったという社内資料がありませんでした。僕は知ったときはもう降りてきてたんで、重要な案件だから広告代理店まじえて役員会議が開かれたとてっきり思ってたんです」

社長が頭をかいた。「それが……、そんな大げさな会議で決まったんじゃないんです。私ともう一人で話して決めた。あ、いいんじゃないってわけです」

読者よ、世界山田史の一大画期、「アルカイック山田」はこうして誕生したのだ。

令和に蘇った勇者『TARO』

北尾トロ

二〇二一年七月、山田が新業態のタンメン専門店「埼玉タンメン山田太郎」を始めると聞いたときは興奮した。二〇一八年に屋号を改め、直営店のリニューアルに力を注いでいた山田の新しい動きを見逃すわけにはいかないではないか。

なんだかすごく張りきった気持ちになったのには理由がある。私事になるけどちょっと説明させてください。

ぼくは二〇一二年の夏から七年半もの間、山田エリアを離れて長野県松本市に移住していたのである。松本には関東からの移住者が結構いて、そのなかには所沢市出身の山田ネイティブもいたし、上京したときは積極的に山田に食べに行くようにしていた。何よりも、えのきどさんと週に一度やっていた『レポＴＶ』というネット番組で山田の話ができたので、地方で暮らすことのハンデを感じていなかった。ところが二〇一六年に『レポＴＶ』が終わってしまい、上京する機会が減ってくると〝血中山田濃度〟がぐーんと下がってしまった。山田圏にいると、何気なく車で走っているとき、かかしの看板を見たりするじゃないですか。食べに行かなくても「お、山田じゃん」と思うだけで充電ができていたと思うんだ。

ところが、ここで幸運がやってきた。高校進学を控えた娘が、埼玉県の高校に行きたいと言い出したのだ。

「どうしても、なのか?」

難しい顔で答えたが、内心ではちょっとうれしかった。その学校は偶然にも、山田の本拠地である埼玉県西部にあったからだ。帰って来いと山田に呼ばれている感じがして、五分後には「お父さんは賛成だ。受けてみろ」と娘に言っていたよね。

それで二〇二〇年の二月に、山田の本社まで一時間の郊外エリアに越してきた。途端にコロナ禍になってしまったけれど、山田の看板見て「がんばろうステイホーム!」と意味なくつぶやいたりした。クルマに乗ってて山田の看板を発見し、スイッと駐車場に滑り込んでいくあの感じを久々に味わうのも新鮮だ。自分なりの〝血中山田濃度〟回復期と言いますか、ブランクを埋める活動をしていた。そういう時期を経ての「埼玉タンメン山田太郎」誕生だったのだ。

開店直前に行われたプレオープンに、えのきどさんと駆け付けると、山田裕朗社長を筆頭に、重鎮クラスの社員が勢ぞろいしていて、この店への期待と気合を感じさせ

タンメン、野菜大盛り無料。

られた。食べ始めると社長みずから我々のテーブルにやってきて言うのである。

「お味はいかがですか？」

本心を伝える以外にないわけだが、我々はちっとも困らなかった。えのきどさんもぼくも、専門店を名乗るに恥じないクオリティーに唸っていたのだ。小麦も野菜も国産にこだわり、新たに開発した麺を使用しているという。だから素直に感想を口にした。

「山田とは思えないうまさです」

そしたら社長がこうくる。

「そうなんですよ！」

ただ、我々が不思議だったのは店の名称だ。埼玉タンメンはいいだろう。でも、山田太郎はどうなんだ。クルマで店に向かっていたとき、看板を眺めながらえのきどさんは言ったものだ。

「真っ先に思い浮かべるのは『ドカベン』だよね」

メニューも豊富（2022年10月末現在）。

社長は中高と野球部に所属していたから、『ドカベン』を知らないはずがない。でも、この店のターゲットは腹ペコ野郎というより女性やファミリー層。そのために、野菜がたくさん摂れるタンメンにしたと聞いているのになぜ？

「本当は、うちが昔ニューヨークで出店していた『ＴＡＲＯ』にしたかったんだけど、その名称がすでに使われていて、山田太郎になったんです」

なるほど、そうだったんだ。まあ、ＴＡＲＯと名乗るよりは太郎のほうが親しみやすくていいかな。そのときは深く考えず、そんなふうに思った。

「埼玉タンメン山田太郎」の出足は好調で、2号店の出店が早々に決まった。もちろん行きましたよプレオープン。えのきどさんが都合で来られなかったので、今回は高校生の娘を連れて行くことにした。

噂では目論見通りに女性人気が高いらしいが、ぼくは疑り深いのである。一七歳女子の反応を目の前で見てみたい。しかもタンメン好きである。野菜が食べられて、スープがギトギトしていないのがいいという。

カウンターに座り、メニューを眺めること一分、注文が決まった。「濃厚タンメンの麺ハーフ、野菜増し」である。そして、運ばれてきた濃厚タンメンのスープを一口すすってこう言ったのだ。

「え、なにこれおいしい！」

続いて食べた麺も、もちもちして好きだという。

「野菜もシャキシャキしてるし、お客さんいっぱいくると思う」

ついつい山田に肩入れしがちな自分と違って、娘の感想はストレートだった。嘘がないことは箸の動きを見れば一目瞭然だ。

これには正直、ジーンとした。だって、ぼくたちの山田うどんを巡る旅の始まりは、えのきどさんと山田うどん話で盛り上がった夜、グーグル検索で出てきた〈山田うどん　まずい〉だったのである。それが今日、わが娘が〈山田のタンメン　おいしい〉とためらいなく言ったのだ。こんな日が来るなんて、ぼくには思いもよらないことだった。この一言に何かがギュッと詰まっている感じがして、泣いてしまいそうだ。

表に出ると山田社長がいたので挨拶。きょとんとしている娘を紹介する。

「あ、おいしかった、です」

相手が誰なのかよくわからず、しどろもどろで頭を下げたが、わけのわからない反応をしたのは社長も同じ。続々と関係者が訪れるので混乱していたのか、娘を上回る角度で深々とお辞儀をすると、やおら名刺を取り出して渡そうとするではないか。

「山田でございます。今日はわざわざありがとうございました」

どう考えたって渡し甲斐のない相手に名刺を渡している社長から、なんとしてでも2号店を成功させたいという気迫がムンムンと出ていた。

話を先に進めよう。なぜタンメン専門店だったのか、の謎である。ヒントは社長が言った「（店名を）ニューヨークで出店していた『TARO』にしたかった」だ。江橋さんによれば、この名称はトップダウンで決められたという。おそらく社長は、ここを勝負所と考えて、山田にとって特別な意味を持つ「TARO」を使おうとしたのだ。

その前に、山田とラーメンの関係を振り返っておこう。ぼくたちは山田と聞くとうどんを思い浮かべがちだ。大黒柱はうどんで、名物メニューは巨大なかき揚げやパンチだと。でも、歴史をひも解けば山田とラーメンの関わりはチェーン化の初期にまで遡ることができる。一九七一年には全自動の「ラーメンクッカー」を自社開発して商

どこにもかかしがいない……。

品化。七三年に有楽町に「カントリー・ラーメン」をオープンさせたかと思えば、七五年にはニューヨーカーが長蛇の列を作った伝説の店「ＴＡＲＯ」をマンハッタンに出店。さらに、七七年には逆輸入という形で銀座に高級ラーメン店「ＴＡＲＯ」を作っている。もちろんこれは「カントリー・ラーメン」やアメリカ進出が成功したからできた展開だっただろう。

　これらの経験は、やがて「かかしのラーメン」のチェーン化という形で結実し、ラーメンを主力とする山田うどんの別業態として、埼玉のロードサイドに定着していった。強豪ひしめく業界で目立つ存在ではないけれど、「かかしのラーメン」もまた、腹ペコ野郎たちの胃袋をがっちりつかむことに成功。大看板の山田うどんが不調なときにも、抜群の安定感で経営の基盤を支えてきた、〝もうひとりのエース〟なのだ。

そう考えると、山田うどんのリニューアルに一段落ついた後でラーメン部門の見直しに入るのは必然だったともいえる。「埼玉タンメン山田太郎」はポスト「かかしのラーメン」なのであり、山田にとって失敗できない出店。だからこそ、山田ラーメン史に燦然と輝くキラーコンテンツ「TARO」をここで使ってきたのだ。まあ、ニューヨークでの伝説を知る人もいまやほとんどいないと思うけど、そういう問題じゃない。

江橋さんによれば、山田太郎は2号店も好調で、今後も増やしていく構想があるという。

山田太郎の1号店は、唯一残っていた「かかしのラーメン」からの業態転換だったが、2号店以降は「山田うどん食堂」をタンメン店に変えていく作戦。6号店くらいまでは短期間で増やす計画もあり、「TARO」からのバトンをしっかり受け継ぐ目途が立った。

「うちがこれまで喉から手が出るほど欲しかったのは女性客と家族連れでした。山田うどんのほうも屋号変更でそうなりつつありますが、山田太郎は最初から女性の比率が高いんですよ」

江橋さん、してやったりの笑顔なのである。だって、怖かったと思うよ。専門店という業態も、本格志向の素材選びも、他店と比較して安いとは言えない価格設定も、これまでの山田のイメージとは異なっている。それがズバリ当たったのだ。山田の勝負勘、冴えてる。そう言うと、江橋さんは首を振った。

「勘じゃなくて、基本に立ち返った結果だと思います。専門店をやろうという話になったとき、唐揚げなども候補に出たんです。短期的には結果が出せそうじゃないですか。でも、そうならなかった。うちの根幹である〝山田の心〟から外れるようなことはやめよう、あくまでも麵でやっていこうと」

そこか！　山田の心にはこう書かれているのだ。

〈日本人の心から生まれたうどん・そば・ラーメンを私達の手で大切に育てよう〉

オールド山田ファンは戸惑うかもしれないけれど、ロードサイドとともに生きてきた山田にとって、この変化は自然なことだと、郊外の住人になったぼくは思う。郊外というのは都市の外側にあるエリアで、首都圏におけるそこは、東京で働く人のベッドタウン的なものとして発展してきた。長期ローンで家を買い、遠距離通勤をこなして家族を養うワーキング・モデル。働く人にとって、我が家は夜遅く帰って眠る場所。飲んだり食べたりは都心で済ませて帰途に就き、週末は家族と過ごす。オンとオフがはっきりした場所だった。

だけど、それは昔話になりつつある。たぶん、徐々に進んでいたのだ。終身雇用制度が崩壊して会社への忠誠心が薄らぎ、社員旅行や宴会も若手社員は歓迎しなくなってきた。そうなると、自分の居場所は会社だ、輝けるのは仕事の中だとなんとなく考えていたお父さんたちの目も我が家での生活に向く。かつては田園地帯だった郊外も、人口が増えれば都市化が進んで街らしくなってくる。都会があることで存在できる場所ではなく、それなりに自立したエリアに成長する。また、人々の志向も変わってきて、息苦しい都心に住むより郊外がいいと、わざわざ移り住む人も現れてきた。郊外から新・郊外への進化。

そういう下地があったところにやってきたコロナ禍が、業種によってはリモートでも仕事ができることを証明してしまう。ステイホームで家族と過ごす時間が否応なく長くなれば何が起こるか。生活の見直しである。煮詰まらないようにいろいろ工夫するのだ。家事の分担がなされ、お父さんがエプロンつけて晩飯作ってみたり。少なくとも、ぼくはそんなふうに郊外での生活をスタートさせた。もちろん郊外には、文化施設など足りないものもある。でも、もともとクルマ社会だから必要に応じて出かければなんとかなる。買い物も通販でだいたいまかなえる。

ここで意外に困ったのが外食なのだ。家族で気楽に行けて満足できる店は思いのほか少なく、閉店時間も早い。我が家など、食べたい店が発見できず夕食難民になることがあるもんなあ。一時間近く走り回った挙句、スーパーで総菜買って帰宅する寂しさったらない。

郊外が変わればロードサイドも変わる。住宅地が点在するエリアではトラックより普通車が主役になっていくだろう。山田が本能的にかぎつけているのは、看板が回っていなくても店がそこにあることを知っている、半径数キロ圏内で暮らす人々の存在なんだと思う。

晩飯どうすっかと県道を走るクルマがいる。乗っているのは両親と子ども。ファミレスの気分じゃないし、肉系はダイエット中のお母さんがいい顔しない。緊急車内家族会議を開催中、白地にすっきりした字で「埼玉タンメン」と書かれた看板が見えてくる。タンメンか。野菜たっぷりだねとお母さんOK。ラーメン好きな子どももOK。お父さん、決まったなと駐車場に車を滑り込ませる……。

いや、本当にそんな感じだと思うのですよ。数日前、外食先を探して走り回っていたら、娘が言うのだ。

「私、ここに山田太郎が出店してくれたら常連になる」

その味、居心地、絶妙な郊外感。山田者なら一刻も早く食べに行ってほしい。ロードサイド最先端の味に、まだまだ行けるぜ山田、と思ってもらえるはずだ。

解説　山田の物語にはずっと続きがある

武田砂鉄

　２０１４年8月に河出書房新社を辞めた。つまり、この文庫本を出している出版社を辞めた。「辞めます」と上司や社長に伝えたのは、その年の年始から春にかけてだから、北尾さん・えのきどさんによる山田うどん本の第２弾『みんなの山田うどん』を編集している最中だ。

　北尾さんがやっていたネット番組『レポＴＶ』で２人が突如として山田を語り始めたのが２０１１年11月だから、そこからわずか3年ほどで、『愛の山田うどん』『みんなの山田うどん』の２冊を立て続けに刊行したことになる。あの頃、２人は山田のことを考えすぎていたし、編集者として同行していた自分もまた、山田のことを考えすぎていた。その結果、自分の編集者人生の後半は、膨張していく山田の物語に笑い転げ、そして、山田側との結託を繰り返しながら、山田特有のハイカロリーに彩られていった。あの日々の記憶は濃厚である。腹持ちがいい。山田に浸りながら、会社を辞めていったのだ。

2014年5月1日、朝日新聞夕刊の1面トップに「平凡こそ埼玉　山田うどん愛」と題した記事が出た。2人が嬉しそうに写真に収まっている。あの頃、世界は平和だったのだろうか。いや、同じ紙面には、とある国で起きた爆発事件の続報が載っており、取材した記者によれば、「こんなもの（山田）を1面トップにするのではなく、こっち（事件）のほうが重要だろう」と、読者からの声があったそうだ。本当にその通りだと思う。山田に浮かれている人に、山田に浮かれたい人たちが吸い付いてきて、いつの間にかみんなで山田を語っていた。記事には自分のコメントも載っている。

「出版元の河出書房新社の武田浩和さん（31）は『普通の本ではこんなことはない。読者を巻き込んだムーブメントが起きた』と驚く」

どんなに熱弁しようとも、こうして取材コメントが簡略化されてしまうのは新聞の性だが、確かに、「普通の本ではこんなことはない」のだ。あのムーブメントは一体なんだったんだろう。

出版社で企画が採択されるまでには、通常、何段階かの企画会議がある。その会議を全て乗り越えなければならない。企画書には「なぜ今なのか？」について書く項目があり、記載が不十分だと、会議の場で営業部員などから様々なツッコミを浴びる。なぜって、本が完成したとしても、セールスポイントがなければ売れるはずがないからだ。山田うどんの本には、もちろん、「なぜ今なのか？」なんてない。正確に答えるならば「別に、今とか、そういうことじゃなくて、ずっとあるものです。ただ、今、2人が山田を思い出して、やたらと興奮しているんです」である。

編集部内の会議は通過したものの、営業部が出席する会議での通過は難しいのではないかと作戦を練ろうとしていると、「おっ、タケ、山田の企画が出てたな！」と通りすがりの営業部の偉い人から言われた。別の営業部員からは「いいね、山田」と内線までかかってきた。

東京23区内にある「会社あるある」だが、一人暮らしをしている若手社員は会社の近くに住む一方で、結婚して家族が増えてくると、それなりに通勤時間を要する場所に家を建てる。つまり、社歴の長い人のほうが通勤時間が長い。当時、営業部長は八王子あたりに住んでいたはずだし、次長は埼京線で南下してきたはずだ。つまり、偉い人のほうが山田圏内に住んでいた。基本的に世の中の「今はコレ！」というトレンドは東京の真ん中から外へ向かって拡散されていく。山田のベクトルは逆だ。かつて山田は都内にも店舗を出していたが、潔く早々に撤退している。真ん中は無理、その外を守ると切り替えていた。営業部の管理職の多くは、まさにその外に住んでいた。ゴルフコンペなどにもよく参加していた彼らが、早朝の腹ごしらえに山田をよく利用していると教えてくれた。企画は難なく通過し、編集中にも「山田どうなってる?」と聞かれるほどだった。こんな経験はこれまでになかった。体内の山田成分を自覚すると、みんな、山田を語りたくって仕方なくなるのだ。2人と同じように、色々な人から「私と山田」を聞いた。山田を知らない後輩から「そんなに山田って美味しいんですか?」と聞かれた。「美味しいとか、そういうことじゃないんだよね」と返すと、怪訝な顔をして去っていった。そのうち知るかもしれないし、ずっと知らないままかもしれない。山田はそれでいい。濃淡がハッキリしているものなのだ。

自分と山田の付き合いは長い。東京都東大和市、多摩湖のほとりで生まれ育った私は、山田圏内で成長してきた。山田が生活に組み込まれている家庭には「今日は山田でいいか」という問いかけが存在する。この「で」の使い方は稀有だ。「今日は焼肉屋でいいか」とは言わない。「今日はいつも行列ができているラーメン屋でいいか」とも言わない。外食は特別なものだから、「が」が正しい。「今日は焼肉屋がいい」、これが外食ってもんである。でも、我が家には「山田でいいか」が存在した。「山田でいいか」に「山田でいいよ」と答える。「が」は特別だが、「で」は日常である。山田が日常にあった。

今はもう閉店してしまったが、自転車を5分ほど走らせたところに山田うどん奈良橋店があった。東大和市立第一小学校、自分の母校の真裏、自分の通学路の途中に山田があった。中学生になると一人で山田に行くようになる。共働きとはいえ、母親は夕方には帰ってきていたのだが、仕事の繁忙期に入ると、「ごめん。これで。山田で」と１０００円を渡された。必要最低限の会話と、必要最低限の金額で、夜の山田が決まる。そんな夜がやってくるのが楽しみだった。当時の山田に１０００円は必要ない。５００円でも問題ないし、豪華に頼んでも７００円かそこらだろう。残りのお釣りは臨時収入となる。山田に一人で食べに行くと生じる、この数百円の副産物も嬉しかった。

ロードサイドを開拓していった山田うどんだが、その山田うどんを基点とするように、様々なチェーン店が進出してくる。かつては遠くから見えた回転看板が新たなチェーンの看板によって遮られ、やたらと派手な色合いの看板に、朽ちてきた山田の看板が負けてしまう。新しいもの好きの人々はむしろ行列を楽しむかのように行列の後ろにくっついていったが、我が家はすぐに「じゃあ、山田でいいか」となった。行列を見て、新青梅街道沿いにある山田うどん東大和店に入った。一瞬で頼んで、一瞬で出てきて、一瞬で食べて、一瞬で店を出ると、斜め向かいの店では、さっき並んでいた人たちがまだ並んでいた。車で通り過ぎながら、「そんなにうまいのかな？」と誰かが言えば、「うまいんだろうね」と返した。さほど興味はなさそうだった。山田で構わなかった。「山田観」が家族で一致していたのは大きい。誰かが「ところで、いつまでも山田でいいのかな」などと、「で」を疑い始めれば、他に選択肢はいくらでもあった。

実家を出て、東京の真ん中のほうで暮らすようになり、山田圏外での生活を続けていると、体内の山田成分が薄まっていく。たまに実家に帰ると、「せっかく帰ってきたんだから」と、ちょっとだけ気の利いた店に行くようになる。「山田でいいや」とはならない。山田を通りかかり、「懐かしいなぁ」と漏らすようになっていた。山田と距離ができていたのだ。

北尾さんと仕事をしていたこともあり、『レポTV』を定期的にチェックしていたが、北尾さんとえのきどさんが、自分の体の中に眠っていた山田に気づき、一気に興奮する様子を見ていた。毎週のように新しい情報が入り、仲間が増え、異様な熱量がその画面から感じられた。自分の体の中に残っていた山田も復活し、「書籍化したい」と名乗り出た。山田は思い出すと早い。先述のように、社内の協力体制が敷かれ、書籍化に向けて走り始めた。取材と執筆を交互に重ねてもらうタイトなスケジュールになった。朝、出社すると、どちらかから原稿が届いていた。ランナーズハイならぬ山田ハイ状態が続いた。『愛の山田うどん』のサブタイトルに迷っていた時、えのきどさんがいきなり、「廻ってくれ、俺の頭上で!!」と言ったのはどこだったか。千駄ケ谷駅前にある喫茶室ルノアールだっただろうか。みんなで「それだ!」となった。冷静に考えれば、山田上級者でなければ、意味さえわからない。でも、それでいいのだ、特殊な熱量が詰め込まれていた。

本が発売されると、局地的に本が売れていった。メディアからの問い合わせも多く、2人は引っ張りだこになった。刊行後、阿佐ヶ谷ロフトAで行われた「第1回山田うどん祭り」には、執筆者の面々、そして山田食品産業から、社長、工場長、書籍を作る窓口となってくれた営業推進部の江橋丈広さんが登場した。イベントの最中、江橋さんが舞台袖で泣いていた。山田うどんで働いていることを前職のファッション業界のみんなには言えなかった、どうしても誇れなかった、でも、こんなに山田を好きでいてくれる人がいるなんて、と泣いていた。みんな、その様子を見て笑いながら、ちょっとだけ泣きそうになっていた。

山田うどん祭りは1回では事足りず、入間駅から山田うどんのバスで工場へ向かう工場見学イベントを開き、山田好きの職員からのアプローチだったか、川口駅前にある公共施設でもトークイベントをやった。2冊目が出た後には、山田食品産業の本社でもイベントを開いた。会社も、出演者も、お客さんも浮かれていた。『みんなの山田うどん』に収録された角田光代さんによる山田うどん小説「おまえじゃなきゃだめなんだ」がTBSラジオでラジオドラマ化された。山田はどこまでも膨張し続けた。山田食品産業での第4回山田うどん祭りが行われたのが2014年5月31日。おそらく、この祭りを終えてからしばらくして、2人に会社を辞めることを伝えたはず。あの数年間、山田と2人の結びつきが生んだ異様な熱量を直接浴びることができたのは、編集者人生のひとまずの終点として、この上ないものだった。

2人が山田を思い出してから、もう10年以上が経った。最初の本が出たのが2012年11月末だから、それから10年が経つ今、『愛の山田うどん』『みんなの山田うどん』の2冊から厳選し、新たに原稿を加える形で文庫化された。山田うどんは「ファ

ミリー食堂　山田うどん食堂」と屋号を変え、タンメン専門店「埼玉タンメン　山田太郎」もオープンさせている。2人は物書きの仕事を続け、自分は編集者を辞め、その後ろにひっつくように、ライター稼業をスタートさせた。2020年1月3日、自分がパーソナリティを担当していたTBSラジオ『ACTION』の年始一発目のゲストとして、北尾さん、えのきどさん、そして、いつの間にか営業企画部長になっていた江橋さんを招き、「山田うどんスペシャル」を実施した。スペシャルにする理由はない。会いたかったからだ。山田の法被姿ではしゃぎまくっていた。その日の模様が「radiko news」に残っている。

武田　山田は今、変革の時期にあるんですよね？

江橋　メニューは変わってきてますね。

武田　それを山田ネイティブの人達がどう思うかですよね。

北尾　難しいんだよね。

武田　あんまり保守を強要してもね。

北尾　元々、山田は革新なんですよ。新しいことをじゃんじゃん取り入れて。日本で初めて看板を回したり。いろんなことをやって、1回は東京にガンガン進出したこともあって。

えのきど　歌舞伎町とかね。僕の近所だと浅草の六区にもあったり。それも撤退して。今はロードサイドだけで。利益率が低いところは撤退して、守りを固めたんですよね。

北尾　社長が代替りして、そこから守備に徹して。「普通の会社になりたい」みたいな。それが落ち着いてどう攻めてくるのかなと思ったら、屋号を変えてきたんですよね。

ラジオは、リスナーに対して、丁寧な説明が求められる。どう考えても説明が不足している。山田ネイティブとは。保守と革新とは。守りを固めるとは。山田うどんに行ったことのないパートナーの幸坂理加アナウンサーが「味は普通なのに、わざわざ行くんですよね？」と問いかけた。山田の根幹を問う素晴らしい質問だった。

その放送から2週間後の1月16日、日本国内で初めて新型コロナウイルスの感染者が確認された。以降の社会の激変は書き記すまでもない。とりわけ外食産業は大きなダメージを受け、会いたい人に会えない日々が続き、決断できない政治への苛立ちを募らせていった。あの日の「山田うどんスペシャル」の写真を見ると、スタジオ内にアクリル板はない。マスクをせずに、皆が思いっきり笑っている。コロナ禍で、時折、あの写真を見返した。あれが最後の愉快な騒ぎだったなと、またしても山田が体の中に居座った。あの2冊を合本にする形で文庫化できないものか。古巣に申し出ると、朝田明子さんが担当してくれることになった。自分の翌年入社の同い年の編集者だ。山田に理解があるどころか、都内在住にもかかわらず、家族連れでわざわざ埼玉の山田に出かけていると聞いた。あまりに話が早い。10年前にあちこちで起きた山田の神通力が、まだ残っていたのだろうか。

文庫化するにあたって、2人と朝田さんと自分で、河出書房新社の7階にある会議室に集まって打ち合わせをした。見晴らしのいい会議室の目の前には、新国立競技場がそびえ立っている。この10年で風景は一変してしまった。打ち合わせを終え、あたかも担当編集者のように2人をエレベーターで送り出し、しばらくして社を出ようと階段を降りていると、「おお、タケ、久しぶりだな！」とかつての営業部の上司が話しかけてきた。

「どうしたの？」

「山田です」

「おー、山田か」

「ええ、山田です」

「山田ね、懐かしいね」

「山田、今度文庫化しようと思って」

「おーいいね、山田。じゃあまたね」


ほとんど「山田」としか発していない。でも、あの2冊の本を編集していた頃も、いろんな人から、ここで「山田いいね」と声をかけられたんだった。月日が経つと、すっかり変わってしまうものばかりになる。でも、山田の山田らしさは残っている。こうして、再び世に放つことができて、とても嬉しい。山田の物語にはずっと続きがある。ならば次は、どんな展開が用意されているんだろう。少なくとも、これがゴールではない気がしている。

（ライター）

本書は、弊社より刊行しました単行本『愛の山田うどん』（二〇一二年）と『みんなの山田うどん』（二〇一四年）より、北尾トロ氏とえのきどいちろう氏の論考を厳選し、新たに「Ⅲ　文庫書き下ろし　山田をまだまだ考える」を加えて文庫化したものです。

愛《あい》と情熱《じょうねつ》の山田《やまだ》うどん

まったく天下《てんか》をねらわない
地方《ち》豪族《ほうごうぞく》チェーンの研究《けんきゅう》

二〇二二年一二月一〇日　初版印刷
二〇二二年一二月二〇日　初版発行

著　者　北尾《きたお》トロ
　　　　えのきどいちろう

発行者　小野寺優
発行所　株式会社河出書房新社
〒一五一－〇〇五一
東京都渋谷区千駄ヶ谷二－三二－二
電話〇三－三四〇四－八六一一（編集）
　　〇三－三四〇四－一二〇一（営業）
https://www.kawade.co.jp/

ロゴ・表紙デザイン　粟津潔
本文フォーマット　佐々木暁
印刷・製本　中央精版印刷株式会社

Printed in Japan　ISBN978-4-309-41936-7

わたしのごちそう365

寿木けい　41779-0

Twitter人気アカウント「きょうの140字ごはん」初の著書が待望の文庫化。新レシピとエッセイも加わり、生まれ変わります。シンプルで簡単なのに何度も作りたくなるレシピが詰まっています。

季節のうた

佐藤雅子　41291-7

「アカシアの花のおもてなし」「ぶどうのトルテ」「わが家の年こし」……家族への愛情に溢れた料理と心づくしの家事万端で、昭和の女性たちの憧れだった著者が四季折々を描いた食のエッセイ。

パリっ子の食卓

佐藤真　41699-1

読んで楽しい、作って簡単、おいしい！　ポトフ、クスクス、ニース風サラダ…フランス人のいつもの料理90皿のレシピを、洒落たエッセイとイラストで紹介。どんな星付きレストランより心と食卓が豊かに！

バタをひとさじ、玉子を3コ

石井好子　41295-5

よく食べよう、よく生きよう――元祖料理エッセイ『巴里の空の下オムレツのにおいは流れる』著者の単行本未収録作を中心とした食エッセイ集。50年代パリ仕込みのエレガンス溢れる、食いしん坊必読の一冊。

巴里の空の下オムレツのにおいは流れる

石井好子　41093-7

下宿先のマダムが作ったバタたっぷりのオムレツ、レビュの仕事仲間と夜食に食べた熱々のグラティネ――一九五〇年代のパリ暮らしと思い出深い料理の数々を軽やかに歌うように綴った、料理エッセイの元祖。

東京の空の下オムレツのにおいは流れる

石井好子　41099-9

ベストセラーとなった『巴里の空の下オムレツのにおいは流れる』の姉妹篇。大切な家族や友人との食卓、旅などについて、ユーモラスに、洒落っ気たっぷりに描く。

小林カツ代のきょうも食べたいおかず

小林カツ代　41608-3

塩をパラパラッとして酒をチャラチャラッとかけて、フフフフフッて五回くらいニコニコして……。まかないめしから酒の肴まで、秘伝のカツ代流レシピとコツが満載！　読むだけで美味しい、料理の実況中継。

おなかがすく話

小林カツ代　41350-1

著者が若き日に綴った、レシピ研究、買物癖、外食とのつきあい方、移り変わる食材との対話——。食への好奇心がみずみずしくきらめく、抱腹絶倒のエッセイ四十九篇に、後日談とレシピをあらたに収録。

小林カツ代のおかず道場

小林カツ代　41484-3

著者がラジオや料理教室、講演会などで語った料理の作り方の部分を選りすぐりで文章化。「調味料はピャーとはかる」「ぬるいうちにドドドド」など、独特のカツ代節とともに送るエッセイ＆レシピ74篇。

おばんざい　春と夏

秋山十三子　大村しげ　平山千鶴　41752-3

1960年代に新聞紙上で連載され、「おばんざい」という言葉を世に知らしめた食エッセイの名著がはじめての文庫化！　京都の食文化を語る上で、必読の書の春夏編。

おばんざい　秋と冬

秋山十三子　大村しげ　平山千鶴　41753-0

1960年代に新聞紙上で連載され、「おばんざい」という言葉を世に知らしめた食エッセイの名著がはじめての文庫化！　京都の食文化を語る上で、必読の書の秋冬編。解説＝いしいしんじ

食いしん坊な台所

ツレヅレハナコ　41707-3

楽しいときも悲しいときも、一人でも二人でも、いつも台所にいた——人気フード編集者が、自身の一番大切な居場所と料理道具などについて語った、食べること飲むこと作ることへの愛に溢れた初エッセイ。

早起きのブレックファースト

堀井和子　41234-4

一日をすっきりとはじめるための朝食、そのテーブルをひき立てる銀のポットやガラスの器、旅先での骨董ハンティング…大好きなものたちが日常を豊かな時間に変える極上のイラスト＆フォトエッセイ。

天下一品　食いしん坊の記録

小島政二郎　41165-1

大作家で、大いなる健啖家であった稀代の食いしん坊による、うまいものを求めて徹底吟味する紀行・味道エッセイ集。西東の有名無名の店と料理満載。

下町呑んだくれグルメ道

畠山健二　41463-8

ナポリタン、うなぎ、寿司、串揚げ、もつ煮込みなど、下町ソウルフードにまつわる勝手な一家言と濃い人間模様が爆笑を生む！「本所おけら長屋」シリーズで人気沸騰中の著者がおくる、名作食エッセイ。

魯山人の真髄

北大路魯山人　41393-8

料理、陶芸、書道、花道、絵画……さまざまな領域に個性を発揮した怪物・魯山人。生きること自体の活力を覚醒させた魅力に溢れる、文庫未収録の各種の名エッセイ。

暗がりの弁当

山本周五郎　41615-1

食べ物、飲み物（アルコール）の話、またそこから導き出される話、世相に関する低い目線の真摯なエッセイなど。曲軒山周の面目躍如、はらわたに語りかけるような、素晴らしい文章。

「お釈迦さまの薬箱」を開いてみたら

太瑞知見　41816-2

お釈迦さまが定められた規律をまとめた「律蔵」に綴られている、現代の生活にも共通点が多い食べ物や健康維持などのための知恵を、僧侶かつ薬剤師という異才の著者が分かりやすくひも解く好エッセイ。

著訳者名の後の数字はISBNコードです。頭に「978-4-309」を付け、お近くの書店にてご注文下さい。